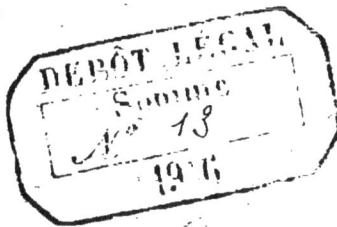

ABBÉ A. TRIMBALET

Curé de Soyécourt

Ancien Aumônier de Wittenberg

❧

De Soyécourt à Wittenberg

OU

L'INVASION & LA CAPTIVITÉ

48426

Prix : 1 fr. 50

S'adresser à M. l'Abbé TRIMBALET

à Beaucamps-le-Jeune, par Aumâle (S.-Inf.)

Envoi franco contre 1 fr. 60

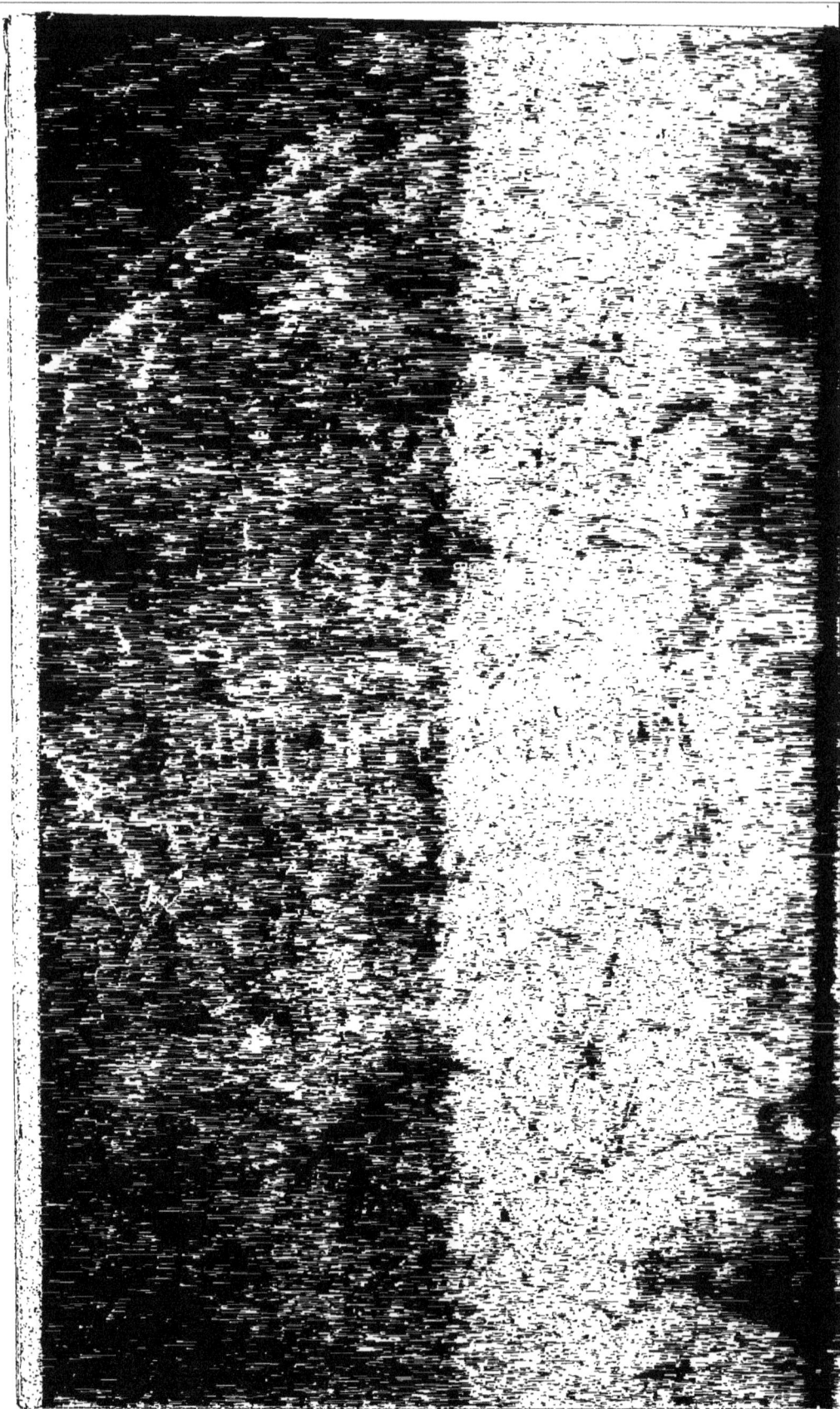

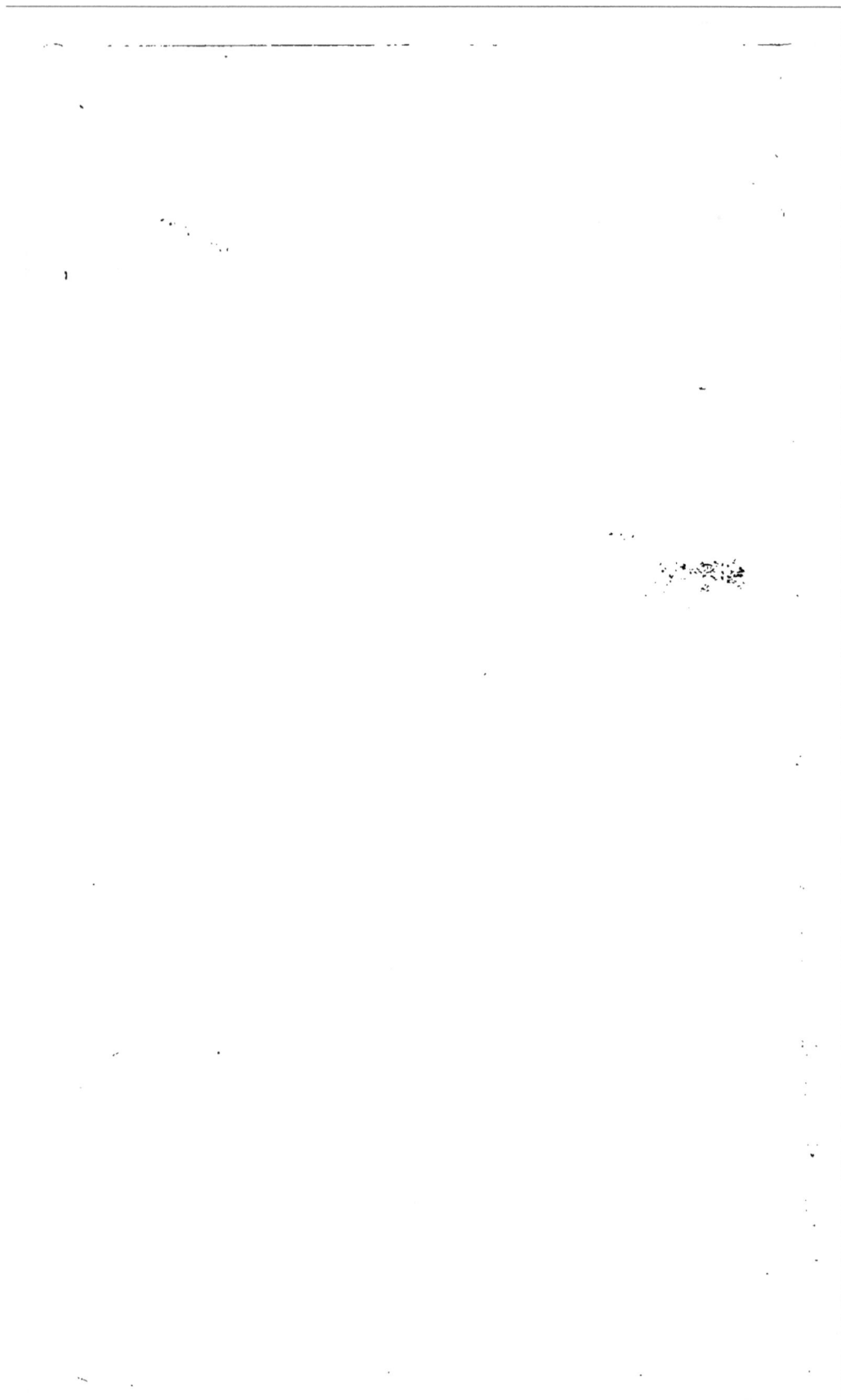

Abbé A. TRIMBALET

Curé de Soyécourt

Ancien Aumônier de Wittenberg

❧

De Soyécourt à Wittenberg

OU

L'INVASION & LA CAPTIVITÉ

AMIENS

IMPRIMERIE YVERT & TELLIER

37, Rue des Jacobins, 37

——

1916

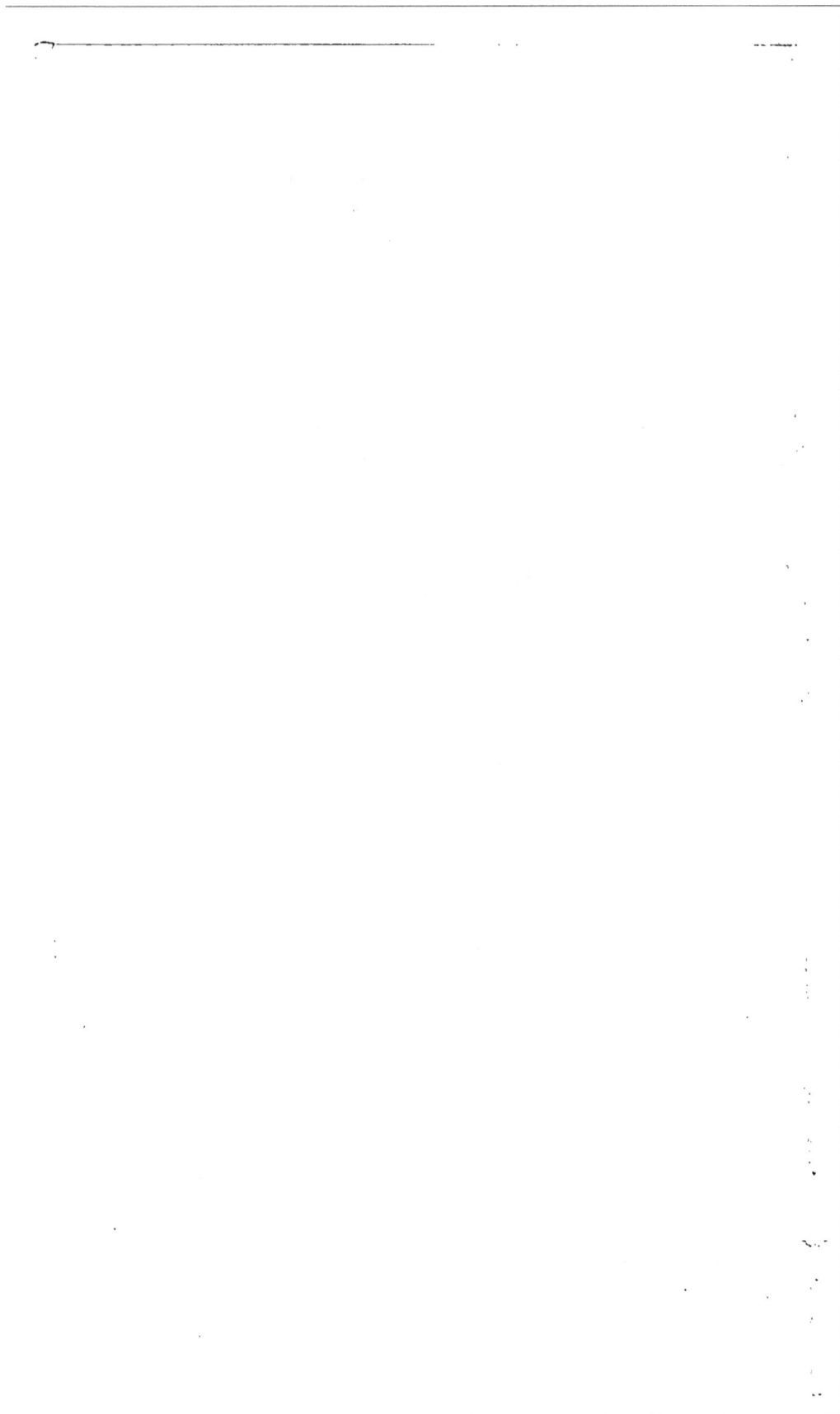

HOMMAGE

à Monseigneur André DU BOIS DE LA VILLERABEL

Evêque d'Amiens

~~~~~~

MONSEIGNEUR,

J'ai vu les tristesses de l'invasion à Soyécourt. J'ai connu les amertumes d'une longue captivité en Allemagne.

Pour en conserver un souvenir précis, j'ai écrit un petit livre qui a pour titre :

DE SOYÉCOURT A WITTENBERG

Je l'ai écrit avec l'unique souci de la vérité historique la plus scrupuleuse.

J'ai évité toute appréciation qui eut pu dénaturer les faits, en les exagérant, ou en les atténuant.

Ce livre intéresse par dessus tout le Diocèse d'Amiens.

C'est pourquoi, je considère comme un devoir, d'en faire hommage au chef vénéré de ce diocèse.

J'ose espérer, Monseigneur, que Votre Grandeur daignera accepter cet humble hommage, comme celui d'un fils respectueux et soumis.

Dans cet espoir, je dépose, Monseigneur, aux pieds de Votre Grandeur, la respectueuse expression de cette filiale soumission.

A. TRIMBALET,

Ancien Aumônier du Camp de Wittenberg,

Curé de Soyécourt.

LETTRE

de Mgr l'Évêque d'Amiens à l'Auteur

~~~~~~~~

Amiens, le 28 Octobre 1915.

CHER MONSIEUR LE CURÉ,

La censure, à qui j'ai confié votre manuscrit, a donné le Nil obstat. *Par conséquent, je vous accorderai avec grande satisfaction l'*Imprimatur.

Vous avez eu une heureuse pensée de recueillir vos souvenirs. Ils ont en ce moment, du fait de la guerre, tout leur prix. Ils intéresseront certainement le lecteur, parce qu'ils touchent à la situation d'un trop grand nombre de Français.

Croyez bien, cher Monsieur le Curé, à mes sentiments affectueux et dévoués en N. S.

✝ ANDRÉ,
EVÊQUE D'AMIENS.

❧   ❧   ❧

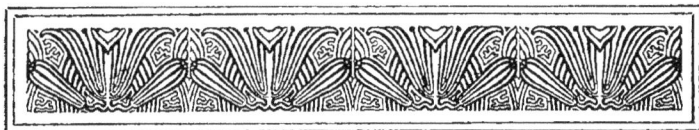

AVANT-PROPOS

Ce qui va suivre n'est pas une fiction. C'est une page d'histoire vécue. Je l'ai écrit à l'adresse de deux sortes de personnes : Celles qui ont connu l'invasion pour l'avoir subie, et celles qui ont dû s'intéresser au sort des prisonniers Français en Allemagne. La population du Santerre y trouvera peut-être un attrait spécial. Car il est surtout question d'un petit village situé au cœur même de cette région.

Ce petit village se nomme Soyécourt. Sa population est de 310 habitants. Elle est essentiellement agricole et s'entend bien à mettre en valeur son riche terroir.

Soyécourt est dans le département de la Somme, à 6 kilomètres de Chaulnes, son chef-lieu de Canton et à 14 kilomètres de Péronne, son chef-lieu d'Arrondissement. Il est bâti à peu près à mi-chemin entre Lihons et Dompierre, deux autres villages qui ont baucoup souffert dès le commencement de la guerre, et dont les noms ont été mentionnés souvent dans les journaux.

Telle est la situation du village dont je parlerai dans une première partie qui aura pour titre : *Soyécourt t l'Invasion.*

La deuxième partie sera intitulée : *La Captivité à Wittenberg.*

Wittenberg est une ville d'environ 30.000 habitants, bâtie sur les bords de l'Elbe et traversée par la ligne de chemin de fer qui va de Magdebourg à Berlin.

Elle ne compte que 600 catholiques. C'est la patrie de Luther et la citadelle du protestantisme.

J'ai été près de 10 mois prisonnier dans cette ville. J'ai été mêlé journellement à la vie du camp. J'ai pu en étudier les détails. C'est le fruit de mes observations que je livrerai aux lecteurs. Mais comme la vie d'un camp ressemble beaucoup à la vie des autres camps, les familles qui ont des prisonniers ailleurs qu'à Wittenberg trouveront peut-être, comme celles qui en ont près de cette ville, un certain intérêt à parcourir ce livre. Il leur permettra de suivre, pas à pas, ceux qui leur sont chers, de connaître l'emploi de leur temps, le régime et la discipline qu'on leur impose, tout ce qu'on désire connaître, en un mot, de ceux qu'on aime et dont on est séparé.

Peut-être, aimera-t-on, après avoir parcouru ce livre, à le conserver comme un souvenir précieux, non pas pour son mérite intrinsèque, mais à cause de certains détails qu'on ne voudra pas oublier.

PREMIÈRE PARTIE

~~~~~

Soyécourt & l'Invasion

Phot. Souillard.

L'Église de Soyécourt avant la Guerre.

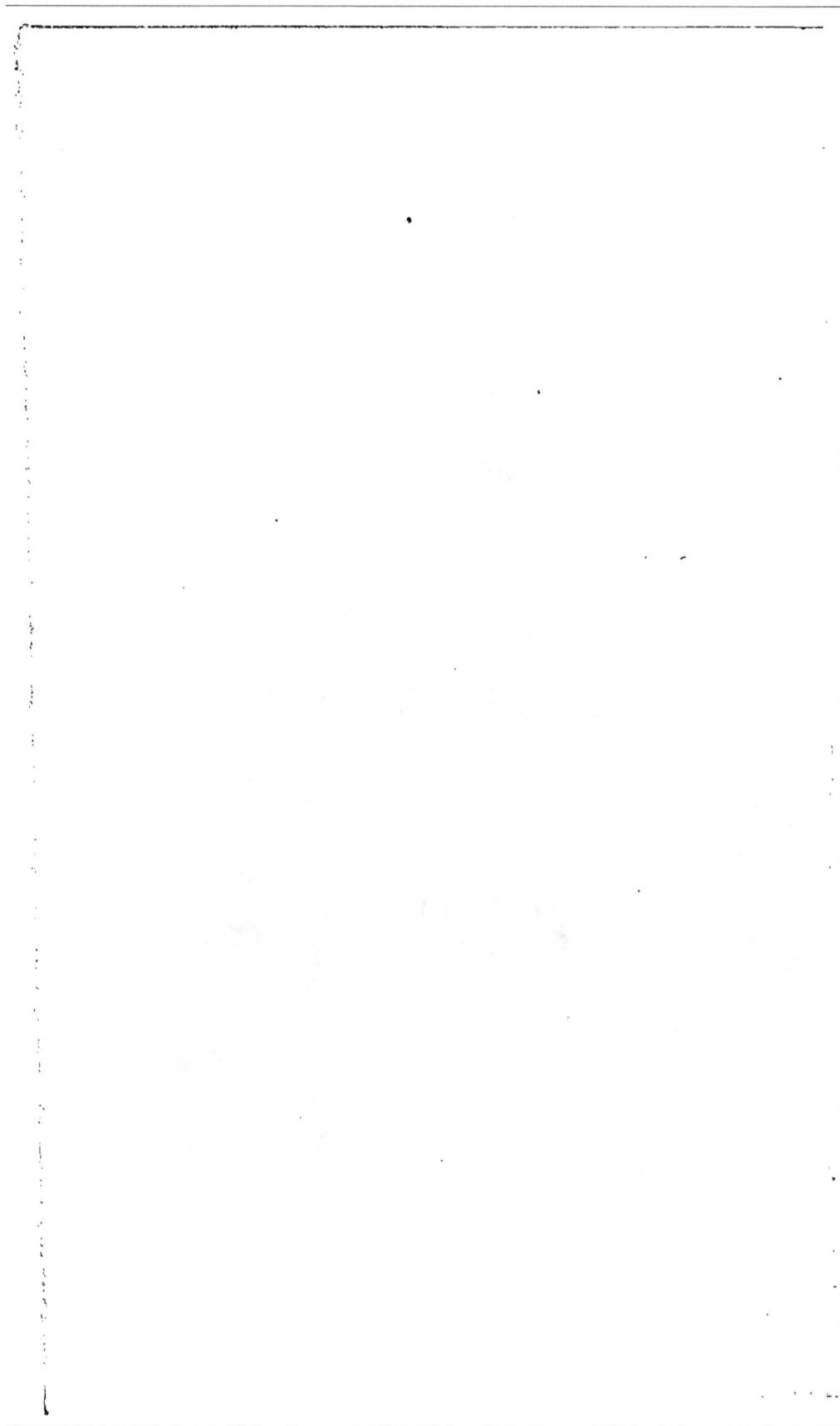

CHAPITRE I

Les Allemands passent

❖

C'était le 28 août 1914. On était depuis plusieurs jours sans nouvelles précises de la guerre, qui depuis trois semaines, ensanglantait toutes les routes de la vaillante Belgique. Cependant, on pressentait le danger prochain. Le bruit du canon se rapprochait. Les habitants des villages voisins fuyaient lamentablement devant l'envahisseur, et, traversant Soyécourt, en désordre et en larmes, y semaient la panique. Entraînés par l'exemple, une grande partie de ma paroisse s'ébranla à son tour. Les uns me disaient en passant : nous allons à la grâce de Dieu ; nous marchons sans but. Les autres, semblaient me demander avis : Faut-il partir, M. le Curé ? S'il avait fallu répondre, j'aurais été bien embarrassé. Mais ma réponse aurait été superflue ; leur exode était commencé, rien ne l'aurait enrayé. Je ne pouvais que leur souhaiter bon courage, leur promettre mes prières, et leur donner l'assurance que je soutiendrais de mon mieux, ceux de leurs parents ou amis qui restaient.

C'est au milieu de ce spectacle que s'en déroula un autre, plus triste encore : Une femme était morte, dans la matinée. Pour parer à toute éventualité, il fut décidé de procéder, au plus vite, à l'inhumation. On eut bien de la peine à trouver quelques personnes pour porter la défunte à sa dernière demeure. Le canon seul sonnait le glas funèbre. Déjà, le bruit de la fusillade se faisait entendre. Il fallait se hâter. J'étais absolument seul pour accomplir les cérémonies liturgiques. Le suisse, le chantre, les enfants de chœur, étaient déjà partis. Si un enterrement est toujours lugubre, je n'en ai jamais vu de plus lugubre que celui-là.

Telle fut la veille de l'Invasion à Soyécourt. Naturellement, personne ne se coucha ce soir-là.

Pendant la nuit qui suivit, des chasseurs alpins égarés achevèrent de jeter la consternation dans le pays.

Cependant, le matin du 29, les bruits contradictoires qui circulaient amenèrent une lueur d'espoir. Les Allemands, disait-on, n'ont pas encore traversé la Somme, et, il y a lieu d'espérer qu'ils ne la traverseront pas. On n'était pas convaincu, mais. quand même,

la nouvelle était réconfortante. Je dis ma
messe à 7 heures, comme d'habitude, et j'at-
tendis les événements.

L'incertitude me pesait, et n'y tenant plus,
je sortis bientôt pour aller aux nouvelles. Je
n'eus pas un long chemin à parcourir. Devant
la porte du presbytère se tenaient deux soldats à cheval. Leur uniforme ressemblait
assez à celui des Anglais, qui, les jours précédents, avaient longé en grand nombre le village, allant vers l'ennemi. Je m'y trompai.
Je les saluai comme des amis, et leur dis de se
tenir sur leurs gardes, car peu auparavant
j'avais entendu des coups de feu, et peut-être
avaient-ils été tirés sur une patrouille allemande, ou par elle. Heureusement, ils ne me
comprirent pas, sans cela, mon sort était réglé. Je n'ai jamais mieux compris que ce jour-
là la vérité du proverbe : « Le sage tourne
sept fois la langue avant de parler ». J'étais
en présence de deux éclaireurs ennemis. Ils
eurent le bon esprit de ne pas insister, et pas-
sèrent leur chemin sans plus. Ils avaient l'al-
lure circonspecte qui convient à des éclaireurs. Ils regardaient de tous côtés ; ils faisaient le tour des cours dont les portes étaient
ouvertes, plongeaient leurs regards dans les
maisons, dans les jardins, toujours prêts à la
défense en cas d'attaque. Je les perdis bientôt
de vue.

Je n'en avais pas fini cependant avec les Allemands. Les susdits éclaireurs furent bientôt suivis par une colonne compacte de hussards de la mort. Leur chef me fit appeler et me dit en assez bon français : M. le curé, deux coups de fusil ont été tirés sur mes soldats ; il est certain que ces coups ont été tirés par des « civilistes ». Heureusement, personne n'a été blessé. Sans cela, nous détruisions le village, et vous rendions responsable de ce crime. Car la guerre doit être faite par des soldats, et non par des « civilistes ». — Je protestai de toutes mes forces contre cette allégation. Je ne sais si le chef fut touché par mon accent de conviction. Toujours est-il qu'il me répondit : « Je veux bien vous croire ; mais nous devons prendre nos précautions. Vous allez donc faire le tour du village devant nous ; puis, vous nous conduirez jusqu'au pays voisin qui s'appelle, je crois, Vermandovillers. » Je m'exécutai. Je pris la tête de la colonne. Le chef se plaça près de moi, revolver en main et j'ouvris la marche, suivi par près de deux cents cavaliers, lance au poing, prêts à me faire un mauvais parti à la première alerte. Chemin faisant, j'étais tout à mes réflexions, pensant plus à recommander mon âme à Dieu qu'à toute autre chose. Au bout du village, je rencontrai une autre troupe, conduite par le Maire, à qui on avait

tenu le même langage qu'à moi. Nous nous
regardâmes sans rien dire, mais dans notre
regard nous exprimions la même pensée :
Nous sommes perdus. Cependant, sur un ordre bref, les deux troupes s'arrêtent. Les chefs
délibèrent et, à ma grande surprise, je m'en-
tends dire : Vous êtes libre, allez. Le Maire
seul allait conduire les Allemands jusqu'à
Vermandovillers. Je regagnai le presbytère,
au grand soulagement des quelques habitants
qui m'avaient vu passer un peu plus tôt, si
bien escorté, et me croyaient parti pour le lieu
de l'exécution.

Chez moi, je trouvai installé, dans la cuisine, un aspirant officier, jeune, grand et maigre, portant beau, qui venait de commander
à ma servante son petit déjeuner : trois œufs
durs, un pot de confiture, du beurre et une
bouteille de vin de Bordeaux. Tout cela n'é-
tait déjà plus au presbytère ; je dus mettre les
voisins à contribution et leur demander un
supplément de provisions pour les hommes de
l'aspirant. Celui-ci surveilla lui-même la cuis-
son de ses œufs, mangea de bon appétit, ne
laissant presque rien de ce qu'on lui avait servi. Lorsqu'il fut bien restauré, il fit le tour des
appartements, pour voir s'il ne trouverait
rien à sa convenance. Une grande carte de la
Somme, nouvellement éditée, ornait mon cor-
ridor. Elle attira ses regards et excita sa con-

voitise. « Cette carte est très belle, dit-il, je vais la prendre ; j'en ai besoin. » Je réclamai: Vous voyez que je vous ai procuré tout ce que vous désiriez, laissez-moi au moins cette carte en témoignage de votre contentement. « Je veux bien, répondit-il, si vous pouvez m'en trouver une autre.» Je ne le pouvais pas. Alors dans l'intention évidente d'être agréable, il s'arrêta à un moyen terme. Prenant une paire de ciseaux, il découpa dans la carte la partie qu'il convoitait spécialement, laissa le reste et s'en alla.

Le reste de la journée, ce ne fut qu'une allée et venue continuelle de soldats cherchant à se ravitailler. Ils se présentaient sans trop de morgue et n'étaient pas trop exigeants dans les maisons où ils trouvaient quelqu'un pour leur répondre. Mais malheur aux habitations abandonnées. Elles furent pillées de fond en comble. Ce qui ne put être emporté fut mis hors d'usage et jeté sur le fumier ou entassé dans les caves.

Quelques jours plus tard, les fugitifs rentraient à Soyécourt. Ils avaient été on ne peut plus malheureux pendant leur exode. Souvent ils n'avaient pu se reposer la nuit qu'au pied d'une meule, ou sous le chariot qui les avait emmenés. Ils avaient souffert de la faim, et ils revenaient exténués, découragés, dans l'espoir de retrouver chez eux un peu de bien-être, ou tout au moins un abri sûr et la nourriture dont ils avaient tant besoin. Et, cruelle déception, leur attente était trompée. Ils ne rencontraient chez eux que le vide et le désordre. Et tous n'avaient qu'une voix pour répéter : quelle faute nous avons commise en partant ! Maintenant, advienne que pourra, nous ne bougerons plus. Nous ne serons jamais plus malheureux que nous ne l'avons été en partant et que nous ne le sommes en revenant.

Le jour qui vit arriver les Allemands à Soyécourt, les vit aussi disparaître. Ils n'avaient pas le temps de s'arrêter. Ils étaient dans l'enthousiasme du triomphe. Ils ne marchaient plus, ils volaient sur Paris. Ils devaient y être dans trois jours, disaient les uns, dans six jours disaient les moins optimistes. Pour tous, le but était à portée de la main. L'homme propose, et Dieu dispose. Au moment où on croit tenir la victoire, elle échappe quelquefois. C'est ce qui devait arriver. La Marne fut l'obstacle contre lequel le flot allemand vint se briser. L'exaltation du triomphe céda la place à la rage de la défaite, et bien des pays qui avaient été relativement épargnés au passage des Allemands connurent à leur retour les horreurs les plus épouvantables. Soyécourt n'échappa pas à ces tristesses. On le verra dans les chapitres suivants.

❖ ❖ ❖

CHAPITRE II

Les Allemands reviennent

✦

Trois semaines d'une tranquillité relative suivirent le passage des Allemands. On n'était cependant pas sans inquiétude. Les nouvelles étaient nulles. Les patrouilles ennemies continuaient de circuler dans les environs et ne laissaient pas que de jeter un froid dans les cœurs. Mais voilà qu'un jour la situation change. Le bruit du canon se fait de nouveau entendre. Il se rapproche. Que se passe-t-il ? On finit par apprendre que les Allemands battent en retraite rapidement. L'espoir renaît. Bientôt c'est la joie. C'est le 24 septembre, dans la matinée. Des cyclistes et des cavaliers d'état-major français arrivent porteurs de la bonne nouvelle. Ils annoncent que les nôtres ont remporté une grande victoire sur les bords de la Marne, que les Allemands ont perdu un nombre d'hommes considérable et qu'on est à leur poursuite. Ils viennent d'ailleurs pré-

parer des locaux pour installer le quartier général du chef de corps qui dirige cette poursuite. Le danger semble donc conjuré pour le
village. Hélas ! la déception suit de près. Ce
n'est pas le général qui arrive ; c'est l'ordre
d'une retraite précipitée. Les Allemands ont
en effet repris l'offensive et on n'a que le
temps de se garer. Les Français sont à peine
partis que les ennemis se présentent et s'installent dans les maison à la place des nôtres.
Deux heures avaient suffi pour changer la
face des choses, et nous faire retomber dans
la tristesse la plus morne.

Une section d'Infanterie, avec deux mitrailleuses, prend possession du presbytère.
Deux pans de mur sont abattus au fond du
jardin, pour permettre aux mitrailleuses de
battre la plaine du côté de Foucaucourt. La
visite domiciliaire est faite, de la cave au
grenier. Je dois la diriger moi-même, entouré
de revolvers et de baïonnettes. Car, si par
malheur quelqu'un de suspect est caché, je
dois le payer de ma tête. Pendant la visite,
une bande de pillards effectue un premier net-
toyage, surtout à la cave et dans les armoires
au linge. Plusieurs fois le même fait se repro-
duira, les jours suivants, et, quand je quit-
terai définitivement le presbytère, le 28 septembre, il sera vide de tout, sauf de quelques
meubles, qui seront, par la suite, emportés à

leur tour, soit pour le service des officiers, soit pour l'aménagement des tranchées.

Les Allemands ne tardent pas à me demander les clefs de l'Eglise. Ils s'y enferment, et installent dans le clocher des postes d'observation et de défense.

Un soir, on amène un grand nombre de blessés Français et Allemands. Les Français sont placés sous ma garde, tant dans ma salle paroissiale que dans un bâtiment situé en face du presbytère. J'en compte 60. Plusieurs sont atteints mortellement. J'ai à peine le temps de leur donner les secours religieux et de veiller à leur procurer une sépulture convenable. Pour les autres, j'ai la douleur de ne pouvoir presque rien faire. Je n'ai plus à ma disposition que de l'eau et un peu de pommes de terre. Ils se déclarent heureux de trouver encore cela. D'autre part, leurs souffrances sont atroces. Leur premier pansement provisoire n'a pas été renouvelé. Ce qui se passe chez moi, se passe aussi dans d'autres maisons du village, où, là aussi, au service d'un réel dévouement, il ne peut guère y avoir que de la bonne volonté.

Cependant, la bataille fait rage. Les mitrailleuses du jardin accomplissent leur œuvre de mort, mais en même temps, attirent sur la région voisine le feu des batteries françaises. Il faut descendre dans les caves.

La mienne, fort petite, est occupée par une vingtaine d'habitants. On n'est pas au large. Mais voilà que les Français ont repéré une des mitrailleuses et la démolissent. Les servants prennent peur et viennent à leur tour chercher un abri dans la cave. Celle-ci ne peut les contenir tous. Plusieurs doivent rester sur les marches de l'escalier. Une cruelle angoisse étreint les civils. Ils n'ont tous qu'une même pensée : Si jamais les Français arrivent et font une charge à la baïonnette, que va-t-on devenir ? Toutefois, le danger semble s'éloigner. Les mitrailleurs retournent à leur poste. Quant à nous, nous restons encore un moment dans la cave. Et bien nous en prend. Un dernier obus arrive sur un coin du presbytère, l'ébranle tout entier, fait voler les vitres en éclats. Grâce à notre abri personne n'est blessé.

C'est ainsi, qu'il faut vivre, désormais, pendant plusieurs jours, tantôt à la cave, tantôt dans la maison dévastée et ouverte à tous les vents. Le manque d'appétit nous dispense d'ajouter à nos souffrances le supplice de la faim. A quelque chose malheur est bon.

Le 28 septembre allait changer la face des choses, non les améliorer.

Vers midi, un sergent vient me trouver et me dit : Nos renseignements nous indiquent que le village sera furieusement bombardé dans la soirée. La population civile ne sera plus en sûreté. Il faut qu'elle s'en aille au village voisin jusqu'à la fin du bombardement. Elle pourra ensuite revenir. En conséquence, tout le monde doit se réunir devant l'Eglise avant deux heures... C'est vous qui êtes chargé de conduire le convoi à destination sous votre responsabilité. Si après le départ on trouve quelqu'un dans le village, il sera fusillé.

Il n'y avait qu'à s'incliner et à faire diligence pour que personne n'ignorât l'ordre donné. On verra dans le chapitre suivant le motif de la décision prise.

❀ ❀ ❀

CHAPITRE III

Les Hommes partent pour la Captivité

L'heure fixée pour le départ est bientôt arrivée. Le sergent dont il a été question plus haut, vient jeter un coup d'œil sur la population assemblée au lieu indiqué. On s'aperçoit qu'il y a des retardataires. Pour leur éviter une exécution capitale, on signale leur absence, et on obtient que plusieurs jeunes gens fassent le tour du village, afin de découvrir les manquants. Le sergent s'impatiente. Enfin, tout le monde est là. On peut partir. On ne part pas cependant. Il y a une question à régler auparavant. De nouveaux ordres viennent d'arriver. Il paraît que les femmes qui veulent rester peuvent le faire. On le leur conseille même fortement. Elles n'auront qu'à descendre dans les caves, aux heures du bombardement. Là, elles seront en sûreté. Dans les moments d'accalmie, elles pourront vaquer à des occupations nécessaires, comme traire les vaches, donner à manger aux bestiaux, et faire la soupe... aux soldats.

Les femmes sont perplexes. Les unes ne voudraient pas abandonner leur mari, les autres ne voudraient pas quitter leur maison. Il faut cependant prendre une décision. On me demande conseil. Je réponds que pour moi rien n'est plus clair. S'il y a danger pour les uns, il y a danger pour les autres. Le mieux est donc que tout le monde parte.

Ce n'était pas l'affaire des Allemands. Ils avaient suivi curieusement la discussion jusque-là. Mais en entendant ce mot, ils démasquèrent leurs batteries, et tranchèrent la question dans le seul sens qui leur convenait : Toutes les femmes resteront ; les hommes seuls partiront. On était enfin fixé. Il y eut exception cependant pour le Maire et l'Instituteur dont la présence à Soyécourt fut jugée utile. Les autres furent rangés en colonne par quatre et le signal du départ fut donné.

On allait être de longs mois sans rien savoir, les uns des autres. Cruelle ignorance, qui laisserait à tous le champ libre pour les pires suppositions !

Le convoi se met en marche. On se dirige vers Berny. Le premier kilomètre est parcouru sous la mitraille. Car, déjà, le bombardement est commencé, et un jeune homme est blessé légèrement par un shrapnel. Une partie de la troupe, comprenant surtout les vieillards est retenue provisoirement à Berny. L'autre partie reçoit l'ordre de poursuivre sa route et s'achemine vers Misery. Je suis désigné pour ce supplément de marche. On arrive à la brune. On nous enferme dans l'Eglise, et on nous fouille, pour prendre tous les couteaux. Je suis alors séparé de mes compagnons, et placé seul dans le sanctuaire. Je crois d'abord à un acte de courtoisie. Je suis vite détrompé. En effet, voyant la situation se prolonger, je vais demander au gardien-chef l'autorisation de rejoindre mes paroissiens, dans le fond de l'Eglise. N'ont-ils pas besoin de ma présence auprès d'eux, pour les encourager ? Non, m'est-il répondu, on se défie de vous, et jusqu'à ce qu'on ait statué sur votre sort, vous êtes au secret.....

J'étais aussi à l'abri de la gourmandise. Car ce jour-là, lundi, et les jours suivants, jusqu'au Dimanche soir, les Allemands ne devaient pas nous procurer de nourriture, sauf deux fois où ils nous servirent un peu de café, avec une tranche de pain noir. Je dois dire, cependant, que ce jeûne rigoureux fut un peu tempéré par la charité de braves gens qui, en France comme en Belgique, s'efforcèrent de nous procurer quelques vivres. Leurs désirs, comme les nôtres, grâce à l'amabilité de nos gardiens, n'étaient pas toujours satisfaits.

Entre temps, je reçois la visite d'un aumônier militaire allemand, à qui je fais part de
mes inquiétudes, croyant pouvoir solliciter
son appui. Soyez tranquille, me dit-il, je connais votre cas. On ne vous garde que pour
votre sécurité. Bientôt vous serez libre. Le
Commandant lui-même, qui traverse l'Eglise,
me parle dans le même sens. Je garde mes
craintes, malgré tout, et je n'ai pas tort. . .

Je passe deux nuits et un jour sur le banc
qui m'a été désigné. De temps en temps on
voit arriver de nouveaux prisonniers, civils ou
militaires. Ceux-ci sont surtout des chasseurs
alpins qui se sont battus comme des lions
dans la région. Le Commandant vient les féliciter d'avoir si bien rempli leur devoir, et pour
leur donner une marque d'estime, il donne
l'ordre aux habitants de Misery, de leur pré-
parer un repas réconfortant, dont, naturellement les civils ne bénéficient pas. Dans le
même but, il leur fait distribuer des cartes
postales pour qu'ils puissent prévenir immédiatement leurs familles de leur situation. Il
leur promet de les faire parvenir à destination, par l'entremise des ambassades. J'ai su
depuis que ces cartes n'étaient jamais arrivées.

Le matin du 30, on organise un départ de
prisonniers. Tous les soldats doivent en faire
partie. On y joint un nombre à peu près égal

de civils, pris au petit bonheur parmi tous ceux qui étaient arrivés depuis deux jours. Soyécourt fournit seulement 7 partants : le curé, l'instituteur et cinq jeunes gens. Au moment de partir, j'insiste encore une fois auprès du Commandant pour obtenir ma libération. Il me répond que je dois aller jusque St-Quentin (c'est là que se trouve le tribunal militaire, où je dois me présenter), et qu'il n'y a pas de doute sur le sens favorable de la sentence qui sera prononcée à mon sujet. Je dois donc être sans inquiétude. La route doit se faire à pied, mais par condescendance il fait une exception pour moi et pour l'instituteur, et nous autorise à monter ensemble sur un caisson d'artillerie.

L'étape est trop longue, et on ne peut atteindre St-Quentin ce jour-là. On doit s'arrêter pour la nuit à Marteville. On nous enferme dans l'Eglise où au moins on trouve une paille assez abondante pour se reposer.

Ce n'est que le lendemain dans l'après-midi qu'on arrive enfin à St-Quentin.

❀ ❀ ❀

CHAPITRE IV

De Saint-Quentin à Wittenberg

❖

J'ai dit que l'instituteur de Soyécourt faisait partie du convoi. Il avait quitté le village un jour après nous, sa présence n'étant sans doute plus jugée utile, et nous avait rejoints à Misery. On avait été plus franc à son égard. On l'avait prévenu qu'il partait pour l'Allemagne, et on lui avait laissé un moment pour faire ses préparatifs. Il put donc emporter des vêtements, du linge, et aussi des provisions de bouche qui lui furent très utiles en cours de route, et qu'il partagea d'ailleurs généreusement avec ceux de Soyécourt dont il devenait le compagnon. On a vu que nous étions sept. Un des sept, hélas ! jeune homme de 18 ans, ne devait plus revoir la France.

C'est le jeudi 1er octobre, dans l'après-midi, que nous entrons dans Saint-Quentin. La population de la ville nous accueille avec une sympathie et une générosité admirables, nous faisant passer du pain, des fruits, etc... Un

Monsieur, dont malheureusement la délicatesse restera pour moi anonyme, traverse rapidement le cordon des sentinelles, s'approche de moi pour me serrer la main où il laisse une pièce de cinq francs et se sauve. Dieu
saura certainement retrouver celui qui a eu
ainsi pitié de son ministre dans le dénue-
ment.

Mais nous ne sommes pas là pour recevoir
des marques de sympathie et de générosité !
On nous fait entrer dans la Bourse du Commerce où déjà sont enfermés d'autres prisonniers. Nous occupons les deux nefs latérales
de ce bâtiment qui a tout l'air d'être une an-
cienne église.

Nous sommes à peine casés, qu'un feld-
webel, animé d'un beau zèle, m'aperçoit et
me fait comparaître à sa barre, au milieu de
l'immense salle, en présence de tous les prisonniers, et de sa voix la plus claironnante
me fait le charmant discours suivant :

Pourquoi êtes-vous ici ?

Je n'en sais rien.

Vous n'en savez rien ? Vous, un représentant de la Vérité, vous, qui devez avoir le
mensonge en horreur, vous osez dire que
vous n'en savez rien, alors qu'on vous a pris
pour avoir installé un téléphone dans votre
cave, et pour être monté au clocher de votre
église, afin de faire des signaux aux Fran-

çais. Vous n'avez pas honte, vous, ministre du Dieu de paix, de vous transformer en homme de guerre, en espion. Vous avez de la chance qu'on ne vous a pas fusillé sur le champ. D'ailleurs, on vous jugera tout à l'heure.

J'essayai de protester. Je fus bientôt réduit au silence.

Je dois dire, pour l'édification des lecteurs, qu'il n'y eut jamais de téléphone dans ma cave. Où l'eut-on raccordé ? Il n'y en avait même pas dans le village. On se souvient, d'autre part, que les Allemands m'avaient jadis demandé les clefs de l'Eglise où ils s'étaient enfermés. Alors comment aller au clocher pour faire des signaux.

Bref, je fus congédié, et retournai à ma place. C'est alors que je vis arriver un autre groupe de prisonniers venant des environs de Combles et de Bapaume. Parmi eux se trouvait un prêtre dans un état aussi lamentable que moi. Il avait été plus malmené. Il avait été enfermé plusieurs jours dans une écurie ; il avait été mis plusieurs fois en face du peloton d'exécution. Il n'était qu'au début de son calvaire. La mort l'attendait à Wittenberg. Une mort glorieuse, celle-là. Il devait tomber victime de son dévouement auprès des typhiques le 16 mars 1915. Je me fais un devoir de rendre hommage en passant à ce prêtre dont j'ai partagé longtemps la captivité et dont j'ai pu apprécier l'esprit de charité et de piété. Ce prêtre s'appelait M. l'Abbé Vilbert. Il était curé de Lesbœufs, paroisse du canton de Combles, du diocèse d'Amiens. Ce nous fut un puissant réconfort à tous deux de nous rencontrer ce jour-là.

On croyait séjourner jusqu'au lendemain à St-Quentin. Il n'en fut rien. Le soir même, on nous embarquait précipitamment pour l'Allemagne. Le voyage ne dura pas moins de trois jours et trois nuits. Il fut accompli dans des wagons à bestiaux, presque sans paille. A quoi eut-elle servi ? Nous étions tellement empilés qu'il était absolument impossible de se coucher, ou même de s'asseoir. Les arrêts aux gares étaient interminables. Notre passage était signalé à l'avance. Partout des foules énormes nous attendaient pour nous insulter. Le mot d'ordre était donné de regarder tous les civils comme des francs-tireurs. Les soldats qui nous gardaient n'étaient d'ailleurs pas les derniers à nous malmener, et plus d'un reçut des coups de pied ou de crosse de fusil. C'est dans un état de véritable anéantissement physique que nous arrivâmes à Wittenberg. Nous descendimes du train sous les huées d'une foule plus compacte et plus menaçante que jamais. Les plus forts n'en pouvaient plus.

Avant de nous mettre dans nos logements, on nous fit stationner près d'une heure en plein air, sous une pluie battante. Il fallait nous fouiller une fois encore pour nous enlever tous les objets suspects. Ceux qui avaient de l'argent, et ils étaient rares, purent le garder. Il fallait aussi nous compter, ce qui n'est pas peu de chose chez les Allemands qui exigent plusieurs contre-épreuves avant d'arrêter un compte. Enfin, trempés jusqu'aux os, on nous fit entrer dans une baraque en toile, ouverte à tous les vents, et qui ne contenait qu'un peu de paille humide. Plus d'un contracta dès la première nuit le germe d'une maladie qui devait être mortelle. C'était le dimanche 4 octobre, à 6 heures du soir. Le régime des prisonniers allait commencer.

❀　❀　❀

CHAPITRE V

Le sort des Femmes

Le 28 septembre à 2 heures, tous les hommes avaient quitté Soyécourt, sauf deux ! l'instituteur, M. Horquin, qui allait partir le lendemain, et le Maire, M. Cavel, qui allait rester seul pour protéger les femmes et les enfants.

Je dois à la vérité de dire de suite que celui-ci s'acquitta de sa mission avec une abnégation au-dessus de tout éloge, et que pendant de longs mois cette abnégation ne se démentit pas un seul instant. Aussi, tous ceux qui en ont bénéficié en conservent précieusement le souvenir.

Toutefois, dans les premiers jours, on le met dans l'impossibilité d'accomplir son œuvre de dévouement. On le retient captif auprès du Commandant. Il n'a même pas le droit d'aller prendre chez lui ses repas. On ne lui fournit pas cependant d'aliments. Il faut que sa famille lui en envoie. Il doit se coucher la nuit, sur une paillasse entre deux sentinelles baïonnette au canon. On le soumet à toutes sortes de vexations et de mesquineries. Et cela dure dix jours.

C'est pendant ces dix jours que Mme Cavel, digne émule de son mari dans la voie de la charité, prend à sa charge toutes ces femmes que le départ des hommes a laissées désemparées au pied de l'Eglise au moment de la séparation. Elle les conduit chez elle. Il y en a 110 en comptant les enfants. A force d'ingéniosité elle arrive pendant tout ce temps à procurer à toutes ces bouches la nourriture suffisante, ce qui est un véritable tour de force. Les deux caves de la ferme sont le séjour presque habituel de tout ce monde, car à chaque instant des obus arrivent, et il n'y a que dans les caves qu'on peut s'en garantir, au moins dans une certaine mesure.

Enfin M. Cavel revient. C'est une joie de le revoir. C'est une joie aussi à un autre point de vue. Il apporte aux prisonnières la liberté de quitter enfin la ferme, ce qui avait été défendu jusque-là, et de retourner chez elles pour organiser un peu leur existence. Elles s'empressent d'y aller. On les autorise à mendier leur pitance aux cuisines militaires. Elles doivent naturellement passer après les soldats. Mais alors, bien des fois la chaudière est à sec, et il faut s'en revenir les mains vides, et le ventre creux. Ce retour à la vie individuelle a d'autres inconvénients. Un jour, une jeune femme, mère de quatre enfants, croit pouvoir s'installer dans sa maison pour y faire quelque travail. Une bombe arrive et lui enlève une jambe. Un autre jour, c'est une vieille femme, octogénaire, qui arrive à son domicile à un moment dangereux. Elle n'est pas assez agile pour gagner la cave, et reçoit en pleine figure un obus qui la fait passer de vie à trépas.

Sur ces entrefaites, on exige de la population une rançon, énorme pour un village de 300 habitants. Il faut 9.600 francs en or, ou 14.000 francs en autre monnaie. On a bien de la peine à réunir cette somme. On y arrive, cependant, grâce à l'autorisation obtenue d'aller sortir de sa cachette un petit coffre qu'on avait espéré sauver du désastre.

Un jour, l'officier prie quelques personnes d'aller retirer de l'Eglise les ornements et les vases sacrés dont plusieurs avaient une grande valeur, et de les porter dans une maison particulière où ils seront mieux, dit-il, à l'abri du pillage. On croit à sa parole. On fait le nécessaire. Mais quand on vient pour les prendre, un peu plus tard, afin de les transporter plus en arrière du front, on ne trouve plus rien. L'officier, interrogé, se contente de répondre : soyez sans inquiétude, ils sont en lieu sûr...

Enfin, les jours se succèdent, toujours pareils. La vie n'est plus supportable. La population devient elle-même gênante pour l'ennemi. Il faut évacuer le village. L'ordre est donné. On fait exception seulement pour les infirmes qui pourront rester encore quelques jours dans la cave du maire et sous sa garde, mais qui devront bientôt rejoindre les autres à Villers-Carbonnel, lieu d'évacuation indiqué.

Grâce à l'activité de l'instituteur de l'endroit, remplissant les fonctions de maire ; grâce aussi à l'obligeance des habitants, on arrive bientôt à caser tout le monde. Là, le séjour se prolonge jusqu'au 4 mars, c'est-à-dire environ quatre mois.

Pendant ces quatre mois, les femmes et les enfants sont obligés d'arracher les pommes de terre et les betteraves, d'aider au battage des récoltes, et toujours, sous menace, si le travail n'est pas assez vite fait, d'être enfermés et privés de nourriture. La nourriture est fort maigre, d'ailleurs : un peu de pommes de terre, ou de riz, avec parfois un peu de viande. Le pain est difficile à trouver. M. Cavel organise pour les plus indigents une sorte de bureau de bienfaisance qui rend de grands services. Dans les bons jours, les Allemands daignent fournir un peu de charbon et d'huile.

Ainsi l'hiver se passe au milieu de privations de toutes sortes. Le principal avantage, sinon le seul, de l'évacuation est que l'éloignement du front rend moins pénible le grondement du canon, et donne l'impression d'une plus grande sécurité.

Il y a cependant des heures de détente. C'est, par exemple, l'appel qui a lieu tous les deux jours. A cet appel doivent répondre tous les habitants de Villers et tous les évacués à partir de 14 ans. Les noms prononcés sont souvent écorchés, et prêtent à des réflexions qui amènent le sourire sur les lèvres.

C'est encore, autre exemple, la convocation faite, un jour, de tous les habitants, sans exception, du plus jeune au plus âgé, pour entendre quoi ? les adieux du Commandant. Celui-ci a reçu une autre destination. Et, avant de partir, il veut remercier la population de la sympathie qu'elle lui a montrée, du bon esprit dont elle a fait preuve. Et il espère qu'on aura les mêmes égards pour son successeur. Il faut au Commandant qui s'exprime très mal en français, le secours d'un interprète pour expliquer sa pensée. Tout cela ne laisse pas que de dérider un peu.

Le successeur n'est pas si accommodant. Il ne veut pas tant de civils autour de lui. Et puis, il a reçu, peut-être, des ordres spéciaux. Il les exécute. Il commande à tous les évacués de Soyécourt de faire place nette. Il leur assigne le bourg de Bohain comme lieu de destination. On ne connait jamais le fond de la pensée des Allemands. S'il y a une idée de derrière la tête, elle y reste bien. C'est le cas, je crois, dans la circonstance. Et la pensée de derrière la tête ferait sans doute plaisir aux évacués. Cela, il ne le faut pas. La chose la plus certaine est que le 4 mars on part pour Bohain.

❀   ❀   ❀

CHAPITRE VI

Les Femmes et les Enfants rentrent en France

Au départ pour Bohain, l'idée générale est qu'on va vers un bourg plus populeux où la vie sera plus facile. De fait, dès l'arrivée, une grande amélioration se produit sous ce rapport. On reçoit tout, pour ainsi dire, en abondance. Et par surcroît, ce tout est assaisonné de sympathie et d'amabilité. C'est d'abord M. le doyen de Bohain qui se dépense, sans compter, pour faire plaisir à tous. C'est ensuite la population qui, marchant sur les traces de son vénéré doyen, s'arrache les évacués pour leur offrir l'hospitalité. Ce n'est pas encore, sans doute, le paradis sur la terre, puisque c'est encore l'exil, mais c'en est le vestibule. Si l'impression est douce pour les évacués, elle est émotionnante pour ceux qui les voient arriver. Un jeune étudiant de

Bohain a fait le tableau de cette arrivée. Je ne puis mieux faire que lui laisser la parole :

« J'ai vu, aujourd'hui, 4 mars, la chose la plus triste qui puisse se présenter aux yeux d'un enfant : le défilé d'une centaine d'évacués d'un petit village du front de la bataille. Ces gens sont sans abri, depuis novembre. Guidés par les Allemands, ils vont en bande lamentable, de village en village, vivant çà et là, de la charité que leur accordent leurs semblables. Cette misérable traînée de malheureux est arrivée aujourd'hui à Bohain, partie dès l'aube de Villers-Carbonnel, où elle avait séjourné pendant quatre mois. Ces pauvres paysans, habitant Soyécourt, petit village de la Somme, ont été obligés de quitter ce qui n'est plus maintenant qu'amas de ruines : leurs maisons bombardées. Terrorisés, livrés sans défense à la rage d'ennemis qui ne furent pas toujours vainqueurs, réfugiés, tantôt dans leurs étables, tantôt dans la cave, quand l'étable était démolie ou que la maison avait pris feu, ils ont été obligés d'abandonner, après un dernier regard, ce qui fut leur bien, leur pain de chaque jour, leur patrimoine, où, depuis des temps reculés, leurs aïeux avaient vécu et étaient morts.

« Ils n'ont aujourd'hui plus rien, même pas l'espoir de retrouver, un jour, les restes de ce qui leur appartenait.

« Il y a, parmi eux, des gens aisés, des gens qui même étaient riches, ou qui, tout au moins par un long labeur, s'étaient assuré, pour le moment de leur vieillesse, un repos paisible, dans une demeure proprette.

« J'ai vu ces images, qu'on montre aux petits enfants, dans les écoles, ces images en rouge et bleu, représentant ces défilés de misérables, où la première personne était une vieille, au dos courbé, avec à son côté, un garde-champêtre et sa grosse canne.

« Ce que j'avais vu, en fiction, je l'ai revu, cette fois réellement. Je croyais avoir un cauchemar. Mais c'était bien vrai, trop vrai. J'ai vu ces vieilles femmes en marmotte blanche, ces mères de famille, plus jeunes, trainant leur voiture d'enfant, et ces vieux grands pères, tout blancs qui marchaient en hâletant.

« Parmi cette tristesse, il y avait pourtant quelque chose de bien beau. C'est le maintien fier d'un beau vieux Picard (1), avec sa toque de fourrure, son teint hâlé, sa longue barbe blanche et ses petits yeux gris. Il était encore bien droit malgré ses 75 ans. Il était grand. On le voyait au-dessus des autres, n'ayant pas l'air fatigué malgré ses gros sabots jaunis de terre, de cette terre picarde,

---

(1) Ce vieillard et quelques autres, après quelques jours de captivité, avaient rejoint à Villers leurs familles.

dont il emportait encore aux pieds quelques morceaux, comme pour prouver qu'il n'avait pas quitté son sol. On le voyait bien au-dessus de tous ; et si, parmi nos ennemis, il y eut eu des cœurs assez durs pour le railler, je suis sûr que son regard les eut fait trembler.

« Il y avait autre chose de beau : c'était la fidélité du maire qui, lui aussi, à l'égal de ses concitoyens, n'avait aujourd'hui ni maison, ni foyer. Il était resté courageusement fidèle au poste de l'honneur. Il guidait partout son troupeau, et tous avaient confiance en lui. Il était le premier, en avant, avec sa famille, et menait le convoi.

« Derrière, venaient quelques objets, que les plus heureux avaient sauvé du désastre : des habits, enveloppés dans une couverture de laine, colis faits à la hâte, et liés avec des cordes de machine.

« Ici, un édredon, sur le haut d'un tombereau ; à côté, une valise trop pleine, dont les charnières avaient cédé. Sur un autre tombereau, un berceau d'enfant à côté duquel est assise fatiguée, et presque impotente, une vieille femme, l'aïeule, sans doute, de l'enfant au berceau. Les chevaux, eux-mêmes, qui trainaient ces défroques, avaient l'air triste, et leur regard presque humain faisait comprendre combien, eux aussi, avaient souffert.

« Le cortège n'était composé que de femmes, d'enfants et de vieillards. Tous les hommes valides étaient soldats, ou envoyés en Allemagne, comme prisonniers civils.

« De mémoire d'enfant, jamais je n'ai vu chose si triste. Là est tout le malheur de la guerre, et là apparaît la responsabilité de celui qui l'a déclarée.

« J'espère bien ne plus voir de guerre, car, sans guerre, jamais plus je ne verrai de spectacle si émouvant. »

Le chroniqueur termine ainsi son récit :

« 10 mars. — Les émigrés sont partis pour la France. »

Le voyage de Bohain n'était en effet dans l'esprit des Allemands qu'une étape vers la France.

Le 10 mars, l'ordre fut donné à tous ceux que l'infirmité ou la maladie ne retenaient pas, de s'embarquer pour rentrer en France par la Belgique, l'Allemagne et la Suisse. 92 purent prendre part au convoi. Le voyage se fit sans incident notable. On dut s'arrêter quelques jours au camp de Landau, où on logea pêle-mêle, ne recevant, comme toujours des Allemands, qu'une nourriture peu abondante.

L'autorité, reconnaissant les mérites du maire, voulait absolument, à cause de son âge, lui trouver un cas de réforme, qui lui permit de retourner avec les autres. On n'en

trouvait pas. Le major finit par dire à M. Cavel : Vous n'avez donc aucune infirmité ?
Ma plus grande infirmité, répondit-il, est d'a-
voir toutes ces pauvres femmes à diriger. Le
mot fut trouvé bon, et M. Cavel fut autorisé
à partir avec les autres.

Quel soupir de soulagement, en mettant
le pied sur la terre libre de la Suisse hospitalière ! Quelle joie de se voir enfin entouré
de franche sympathie et de large générosité !
Ce n'était cependant pas encore le terme. Il
fallait poursuivre sa route, se faire inscrire
comme rapatriés à Annemasse, la frontière
de France, puis être dirigés sur des lieux de
concentration, sans savoir pour combien de
temps. Car on ne peut pas songer à retourner à Soyécourt qui est toujours allemand.

La plupart, en effet, durent rester de longs
mois dans le midi de la France. Seuls, ceux
qui purent justifier d'un domicile chez des
parents ou des amis, eurent le droit de reprendre leur liberté.

C'est pourquoi, au moment où j'écris ces
pages, la population de Soyécourt qui n'est
pas prisonnière ou aux armées, est encore
dispersée sur tous les points de la France.
Il y a plus de quarante évacués à l'Ile-sur-
Sorgue, près d'Avignon. Il y en a dans l'Ain,
dans le Gers. Quelques-uns ont pu remonter jusqu'à Paris ou même jusque dans la
Somme.

Mais tous sont des déracinés, qui regardent souvent vers le coin détruit du Santerre qui s'appelait Soyécourt, et où il ne reste rien, ni église, ni maison ; où l'on ne pourra peut-être jamais retourner ; où l'on n'est pas sûr de retrouver même ses morts, dont les ossements ont été déterrés et jetés aux quatre vents par l'explosion des bombes.

Dieu heureusement, à son heure, saura réunir tout cela, et permettre à ceux qui auront vécu selon ses lois de se retrouver pour toujours.

DEUXIÈME PARTIE

~~~~~

La Captivité à Wittenberg

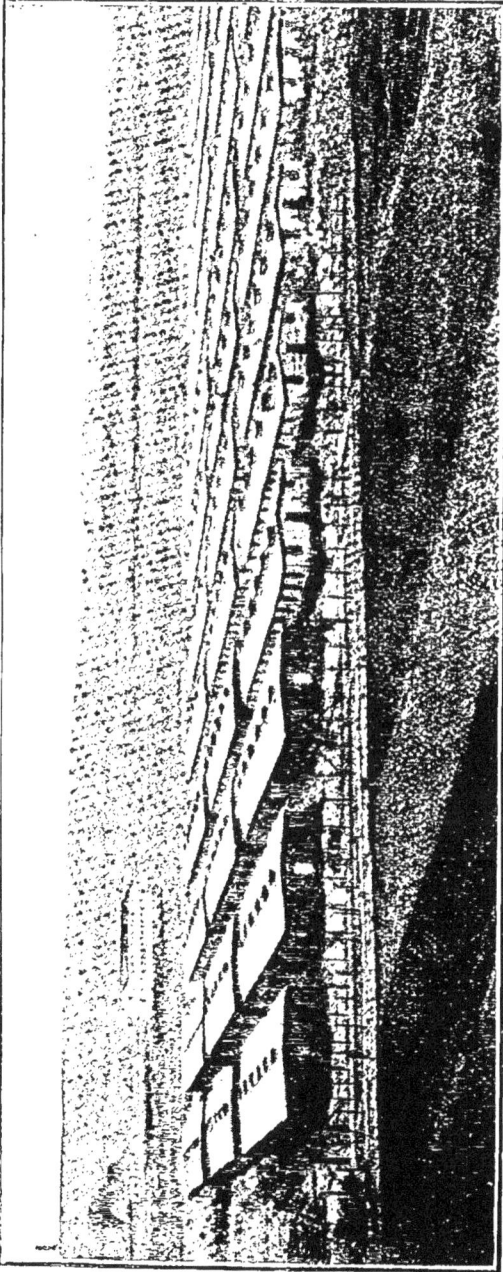

NORD

E.

SUD

O.

Le Camp de Wittenberg. — Les Baraques des Prisonniers.

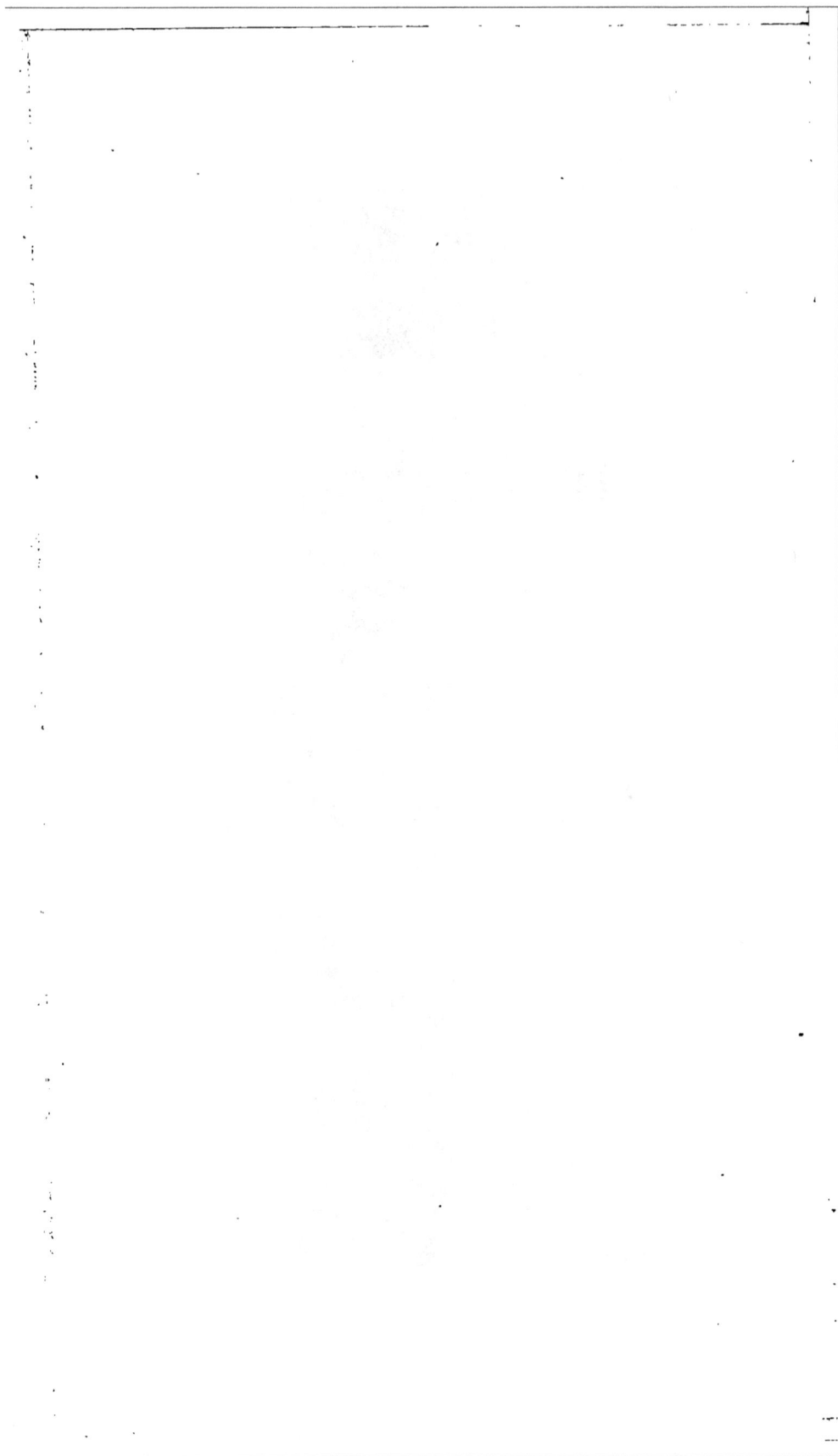

CHAPITRÈ I

Le Camp de Wittenberg

L'aspect général du Camp. — Le confort des Baraques. — Le couchage des Prisonniers. — L'administration du Camp. — Quelques renseignements complémentaires.

La ville de Wittenberg se termine, vers l'ouest, par un faubourg qui porte le nom de « Klein Wittenberg », petit Wittenberg.

A l'extrémité de ce faubourg, se trouve une des deux gares de la ville, où passe le chemin de fer qui va de Magdebourg à Berlin. C'est la moins importante des deux. L'autre gare, à l'extrémité opposée de la ville, commande la grande ligne de Halle à Berlin.

L'aspect général du camp. — Le camp commence à la gare du petit Wittenberg. Il s'étend sur une longueur de trois cents mètres et une largeur de deux cent cinquante. La voie ferrée le borne, au nord, sur toute sa longueur. Une étroite bande de terrain, couverte en partie de constructions ayant un rapport direct avec le camp, le borne, à l'ouest et au sud, et l'isole en même temps du faubourg. A l'est, quelques champs cultivés le séparent de la ville proprement dite.

A notre arrivée, le 4 octobre, si l'emplacement est bien délimité, rien n'existe encore des baraques. C'est pourquoi nous sommes logés, provisoirement, sous de vieilles tentes, sans aucun confort. Nous sommes cependant favorisés. Car je sais au moins un autre camp où des prisonniers civils, d'Amiens en particulier, ont dû loger, pendant plusieurs semaines, à la belle étoile, sur un sol détrempé, et n'ont pu se garantir des intempéries de la saison qu'en se construisant des abris avec la paille qui devait leur servir de lit.

Quelques centaines de prisonniers, civils ou militaires, qui nous ont précédés de quelques jours à Wittenberg, sont sur le même pied que nous.

Cette situation ne se prolonge guère plus de dix jours. On travaille, avec activité, à la construction des baraques. Les prisonniers, eux-mêmes, y sont employés. Aussitôt les premières baraques terminées, on nous y installe.

Encore un peu de travail, et le camp est construit.

Il comprend trois rangées de seize baraques, disposées régulièrement, et réparties en huit compagnies, de la manière suivante :

Les deux premières baraques de chaque rangée, en commençant à l'ouest, soit six baraques, forment un bloc qui s'appelle la première compagnie.

Les deux baraques suivantes de chaque rangée, forment un autre bloc qui constitue la deuxième compagnie ; et, ainsi de suite, jusqu'au bout du camp. On a ainsi huit compagnies de même importance.

Les baraques sont désignées par les premières lettres de l'alphabet, dont la série se répète la même pour chaque compagnie. Mais comme chaque baraque est divisée en deux, on ajoute à la lettre le chiffre 1 ou 2, pour distinguer les deux parties.

De la sorte, on a pour chaque compagnie : Baraque A1 et A2, baraque B1 et B2. On va ainsi jusqu'à F2. Pour donner une indication complète, il faut donc ajouter au numéro de la compagnie, la lettre et le chiffre de la baraque.

Les baraques A et D sont du côté du faubourg, au sud ; les baraques C et F sont du côté de la voie ferrée, au nord. Les baraques B et E trouvent naturellement leur place dans le milieu, en suivant l'ordre régulier des lettres.

Les parties 1 des baraques sont, toutes, du côté Sud.

Les lecteurs me pardonneront ces détails un peu arides, en pensant aux parents des prisonniers, qui seront heureux de savoir, au juste où sont logés les membres de leur famille, et pourront, ainsi, vivre plus facilement auprès d'eux par la pensée. Ils auront en outre, de cette façon, l'explication des indications qui leur sont demandées pour la correspondance avec les prisonniers.

Le confort des baraques. — Les baraques sont en planches, garnies extérieurement de toile goudronnée, et intérieurement, aussi bien aux plafonds qu'aux pignons, d'une brique de plâtre de deux centimètres d'épaisseur, environ.

Il y a, de plus, un plancher, suffisamment isolé du sol, pour combattre l'humidité. Enfin, chaque demi-baraque contient deux grands poëles, pour assurer, l'hiver, une chaleur convenable.

Le plus gros inconvénient, c'est que les baraques donnent asile à une population trop dense. Le camp, qui était prévu pour 12.000 prisonniers, en a reçu 15.000. De sorte que, là où on devait loger 120 prisonniers, ce qui était déjà exagéré, on en a logé près de 200. De cette façon, il ne reste que trois ou quatre mètres cubes d'air pour chacun. Les fenêtres ne manquent pas, heureusement, pour aérer les chambrées.

Le couchage des prisonniers. — Si on avait suivi les indications allemandes, c'eut été très drôle. On avait distribué des paillasses très étroites, en fibre de bois, à raison de neuf pour six hommes. On devait placer huit de ces paillasses, l'une à côté de l'autre. Les prisonniers devaient se coucher en travers, trois dans un sens, trois dans l'autre, de manière à avoir tête contre tête, sur la neuvième paillasse, placée au milieu, en guise d'oreiller commun. Une nuit d'expérience dégoûta les hommes de ce système, et ils s'arrangèrent autrement.

On donne des couvertures, en quantité suffisante, suivant la saison. Mais les draps sont inconnus. De sorte que les prisonniers sont obligés de se coucher tout habillés.

Il y a, dans chaque chambrée, quelques tables, et quelques bancs, mais, en trop petite quantité ; et beaucoup n'ont d'autre table et d'autre chaise dans la journée que leur paillasse.

L'administration du camp. — A la tête du camp, se trouve le Commandant, qui jouit d'une autorité presque absolue. C'est ce qui explique les différences qu'on a remarquées en France, relativement au traitement des prisonniers de camps divers.

Outre ce Commandant général, il y a un

Commandant particulier pour chaque compagnie. Celui-ci est responsable de sa compagnie, comme l'autre est responsable du camp tout entier. Des sous-ordres viennent en aide à ces divers commandants, dans leur administration respective.

Les prisonniers, eux-mêmes, doivent concourir, dans une certaine mesure, au service d'ordre. C'est ainsi, qu'il y a, parmi eux, des chefs de compagnie et des chefs de baraque. Ce sont, ordinairement, des gradés ; mais, quelquefois aussi, des civils, choisis parmi ceux qui connaissent l'Allemand, et qui peuvent, ainsi, servir d'interprêtes, en cas de besoin.

Le rôle principal de ces fondés de pouvoir, si je puis m'exprimer ainsi, est d'aller, chaque jour, au rapport, auprès du Commandant de la compagnie, de transmettre ses ordres, de veiller à la propreté des baraques et à l'exécution des règlements, de désigner les corvées de quartier, de distribuer lettres et colis, etc...

Quelques renseignements complémentaires. — A l'extrémité du camp, du côté de la ville, l'autorité allemande a prévu deux baraques supplémentaires, pour servir de Lazaret. C'est peu pour une agglomération de 15.000 hommes, qui pourra envoyer au service sanitaire des centaines de malades, atteints d'affections de toutes sortes, contagieuses ou non. On verra d'ailleurs, plus loin, le rôle néfaste du manque de place au Lazaret.

Du côté opposé, près de l'entrée du camp, à proximité de la gare du petit Wittenberg, se trouvent les bâtiments de la kommandantur et du corps de garde.

En continuant, dans le sens du faubourg, on voit les cuisines, les salles de douches et différents baraquements, dont la destination n'est pas bien fixée. Tout cela est séparé du camp proprement dit par le chemin de ronde.

A côté des cuisines, se trouve le cimetière du petit Wittenberg. C'est là, dans la partie la plus proche du camp, que reposent les pauvres prisonniers, morts en captivité, loin des leurs, loin de la France bien-aimée...

Le camp est entouré de deux clôtures de fil barbelé, hautes de trois mètres. Entre ces clôtures se trouve le chemin de ronde. Il n'en faut pas plus pour qu'on soit isolé du reste du monde.

Au moins, les 15.000 prisonniers vont-ils pouvoir fusionner ensemble, librement ? On peut le croire un moment. Mais, ce serait trop beau. Les compagnies sont, à leur tour, séparées les unes des autres, par d'autres fils barbelés. Une porte de communication reste cependant ouverte quelque temps pour la circulation entre les compagnies. Elle est ensuite fermée, elle aussi. Désormais, les compagnies ne doivent plus communiquer entre elles, sous peine de grave punition...

La captivité rend ingénieux. On ne risquera pas d'aller faire un tour en ville, ce serait trop dangereux. Mais, on ne se privera pas d'aller, quand bon semblera, de la première compagnie à la huitième. Et la sentinelle n'y verra que du feu.

❀ ❀ ❀

CHAPITRE II

La première réclamation
Les premières tracasseries

✛

J'arrive à Wittenberg, avec mes six compagnons de Soyécourt, le dimanche 4 octobre. Les autres prisonniers de ma paroisse sont dirigés, successivement, sur différents camps, et, plus spécialement, sur Darmstadt. Je ne les suis pas dans leur captivité, ne voulant dire que ce que j'ai pu constater moi-même.

Au début, je suis logé à la même enseigne que les autres : un peu de paille humide, pour couchette, sous une tente qui laisse passer partout le vent et la pluie. Je reçois, comme eux, pour tout mobilier, une couverture, une sorte de saladier, qui doit servir de gamelle, une cuiller et un torchon. Les couteaux ont disparu, on sait comment. Les fourchettes sont prohibées, comme armes dangereuses. La fourchette du père Adam est bonne assez pour des prisonniers. L'heure n'est pas de se plaindre. Il faut, au contraire, se montrer courageux, ne fut-ce que pour remonter le moral des plus abattus.

Première réclamation. — La vie, dans ces conditions, laisse bien des loisirs. D'accord avec mon confrère de la Somme, M. l'abbé Vilbert, et un autre prêtre, M. l'abbé Herrengt, curé de St-Hilaire-les-Cambrai, arrivé peu après nous, nous en profitons pour faire une première réclamation. N'est-il pas dit : Demandez et vous recevrez. Et ceci est aussi vrai, je crois, au temporel qu'au spirituel. En tout cas, j'ai utilisé beaucoup, pendant ma captivité, le système des réclamations, et j'ai presque toujours eu lieu de m'en féliciter.

Peu de temps, donc, après notre arrivée à Wittenberg, nous souvenant de toutes les promesses qui nous ont été faites à tous trois, à savoir qu'on examinerait notre cas, et que, si l'on ne trouvait rien de répréhensible dans notre conduite, on nous libérerait, nous abordons le premier chef qui passe, et sollicitons notre mise en jugement immédiate, pour faire éclater notre innocence, et obtenir notre élargissement. Notre demande surprend le chef, qui, pour se tirer d'affaire, nous dit : faites, chacun, un rapport sur votre cas particulier. Ce rapport sera remis au Commandant qui décidera.

Notre crânerie semble en imposer à nos

gardiens, qui, dès ce jour, mettent plus de
correction dans leurs rapports avec nous. Et,
lorsque, à l'heure des corvées, nous nous présentons, pour en prendre notre part, nous
nous entendons dire : Non, pas vous, restez à
la baraque.

Toutefois, notre rapport demeure, plusieurs jours, sans réponse. Nous protestons
contre ce silence. Alors, d'un air embarrassé,
on nous répond : Votre rapport est égaré. On
ne le retrouve pas. — Qu'à cela ne tienne, nous
allons en faire un autre, et, immédiatement,
nous nous exécutons.

Deux jours après, on nous appelle, pour
comparaître à la barre d'un juge militaire,
qu'on a, paraît-il, envoyé spécialement de
Berlin. Il nous interroge très sérieusement,
nous fait signer nos déclarations, et nous dit
qu'il va transmettre le dossier.

De ce jour, nous ne sommes plus traités
comme des coupables. Nous ne sommes plus
que des prévenus, que, jusqu'à preuve du
contraire, on présume innocents. En conséquence, on nous donne le titre de notables,
d'otages... et, lorsque, les premières baraques
étant construites, on y transfère notre groupe,
nous sommes séparés de nos compagnons, et,
au lieu d'aller avec eux à la deuxième compagnie, nous devons nous diriger vers la
quatrième, où un traitement spécial nous est
réservé.

Trois civils, qui, à notre exemple, avaient fait une réclamation, mais qu'on n'avait sans doute pas jugé utile d'interroger, bénéficient de la même mesure. C'est, le Maire de Lesbœufs, l'Instituteur de Soyécourt et un directeur de fabrique de Sailly-le-Sec.

Le traitement spécial, il faut le reconnaître, se réduit à bien peu de chose. Nous sommes simplement placés ensemble, au fond d'une baraque, officiellement exemptés de toute corvée, et autorisés à passer les premiers au baquet pour recevoir notre soupe. Rien de plus, rien de moins.

Quelques jours se passent dans cette nouvelle situation, et nous croyons que notre sort est ainsi définitivement réglé, pour le temps de la captivité. Erreur.

Est-ce notre réclamation qui en est cause ? Je ne le pense pas. Je crois, plutôt, à l'influence de l'autorité du Souverain Pontife, qui a fait une démarche, en vue d'obtenir un traitement convenable pour les prêtres, et qui, de ce chef, a acquis des droits à notre plus profonde gratitude.

Toujours est-il, que, le 22 octobre, à 6 heures du soir, deux sentinelles viennent nous prendre, mes deux confrères et moi, et nous conduisent auprès du Commandant. Celui-ci nous reçoit, debout, la tête découverte, et nous dit : Messieurs, en vertu d'un ordre spécial de Sa Majesté l'Empereur (il salue, nous aussi), à partir de ce moment vous êtes considérés comme officiers. En conséquence, vous partirez, demain matin, par le premier train, pour la ville de Burg, où se trouve un camp d'officiers.

Le lendemain, en effet, nous partons pour cette nouvelle destination.

Premières tracasseries. — Nous n'étions restés que trois semaines, à peine, à Wittenberg. Mais déjà, nous avions subi, comme les autres prisonniers, bien des tracasseries. En voici quelques exemples.

Le lendemain de notre arrivée, on vient dire aux prêtres : la soutane n'est pas admise en Allemagne. Il faut changer de costume, et vous vêtir comme les autres prisonniers. Nous voulons bien. Mais, le moyen ? On vous procurera des vêtements. On nous en donne, en effet. Mais ils sont fort usagés. Ils ne sont pas à notre taille, et aucun de nous ne reçoit la série complète. Ne pouvant les utiliser, nous les distribuons à des civils qui sont dans le plus grand dénûment, et nous attendons les événements. L'affaire n'a pas de suite.

Un jour, arrive un coiffeur. Il est chargé de nous raser une partie de la tête, pour qu'en cas d'évasion, on puisse facilement nous reconnaître.

Nous passons les premiers. On nous rase une bande de cinq centimètres, environ, derrière la tête, depuis le sommet jusqu'au cou. L'épreuve ne donne pas satisfaction. On opère, en travers, sur d'autres. Ce n'est guère plus satisfaisant. Les cheveux repoussent vite, et, à l'aide de la coiffure et d'un foulard, il est facile de dissimuler la marque d'ignominie. Il faut chercher autre chose. On s'arrête définitivement à ceci : les prisonniers civils devront coudre, sur chacune des manches de leur veste, un large brassard blanc.

Dans d'autres camps, les mêmes brassards existent, et portent, imprimée, en grands caractères allemands, cette mention : prisonnier de guerre.

Ailleurs, on fait coudre, dans le dos, une large bande d'étoffe, ou même une grande croix, d'une couleur différente de celle du vêtement.

Ainsi, les civils ne peuvent pas s'évader.

Pour les militaires, la précaution n'est pas jugée nécessaire. Leur uniforme suffit à les faire reconnaître.

Le camp n'est pas destiné aux seuls Français. Il doit contenir aussi des Anglais, des Russes et même des Belges. Ce sont les Russes qui arrivent les premiers après les Français. On les case à part, avec défense de communiquer avec nous. La défense est bientôt rapportée, et on mélange tout le monde, en disant : puisque vous êtes alliés sur le champ de bataille, il est juste que vous soyez réunis en captivité. On verra si vous savez vous entendre ici comme ailleurs.

Pendant les trois premiers jours de notre séjour, il est impossible de sortir de la tente, même pour des démarches de première nécessité, sans en avoir obtenu la permission, en bonne et due forme, comme des enfants. Et, cette permission obtenue, il faut attendre qu'une sentinelle soit prête à vous accompagner, et veuille bien le faire.

Telles sont les tracasseries des premiers jours. Elles montrent, d'une part, la défiance des Allemands ; d'autre part, leur désir de nous terroriser, afin de nous ôter toute envie de rebellion. Car, chaque décision est accompagnée des menaces les plus terribles.

❧ ❧ ❧

CHAPITRE III

Le séjour à Burg

Le 23 octobre, dès l'aube, selon les indications données la veille, nous allons, mes confrères et moi, prendre le train, sous bonne garde. Nous voyons, de suite, que maintenant nous avons du galon. L'attitude des sentinelles est moins sévère. On nous fait monter, non plus dans des wagons à bestiaux, mais, dans des compartiments de troisième classe (en Allemagne il y a quatre classes de voyageurs). En cours de route, on nous autorise à prendre une tasse de café au lait, du vrai, dans un buffet. Enfin, nous arrivons à Burg, au commencement de l'après-midi.

Quelle n'est pas notre surprise ! Nous sommes dans un camp d'officiers... russes. La surprise n'est pas moins grande pour les autorités du camp, qui n'ont personne de notre nationalité, et sont obligées de délibérer longuement, avant de savoir à quelle sauce nous accommoder.

En fin de compte, on nous met dans une chambre à part, où, cette fois, nous avons un lit. Mais, à la vérité, ce n'est qu'une amélioration relative. Car ce lit ne comporte qu'une paillasse. Il y a, cependant, un drap. Il paraît que c'est la mode, en Allemagne, de ne mettre qu'un drap dans les lits. Ce drap se place sur la paillasse. Le drap de dessus est remplacé, au moins pour nous, par un sac en toile à matelas, dans lequel on enferme les couvertures. Ce n'est guère commode. Mais, c'est encore la mode du pays. Du moins, on peut désormais se déshabiller pour se coucher.

Le soir, on nous invite à aller prendre notre premier repas à la cantine. Qui oserait nous reprocher d'avoir manifesté un peu de gourmandise ? Comment, dans notre situation, rester insensible à la vue d'un superbe bifteck, accompagné d'un grand plat de pommes de terre, et d'une demi-bouteille de bière caramélisée.

Les menus suivants ne seront pas aussi succulents, mais, ils seront, désormais, une assurance réelle contre la faim.

Reste la compagnie de Messieurs les Officiers russes, que, certes, nous ne dédaignons pas. Ils nous regardent, d'ailleurs, avec une sympathie marquée. Plusieurs, même, connaissant le français, prennent plaisir à s'entretenir avec nous. Mais, c'est l'exception. La plupart ignorent notre langue, comme nous ignorons la leur. Même, en laissant de côté la question confessionnelle, il y a, là, un réel obstacle à des relations suivies.

En vérité, nous sommes des isolés, dans un camp de quatre cents prisonniers.

Le second jour de notre séjour à Burg, nous voyons tout à coup arriver, pour partager notre chambre et notre vie, trois prêtres russes, orthodoxes, tous trois aumôniers militaires. Notre situation va-t-elle se compliquer d'une façon désagréable ? Non. Le malheur nous rapproche. Bientôt, connaissance est faite, grâce à quelques mots de latin que nos compagnons comprennent un peu. Et, comme ils sont hospitaliers par nature, et plus cossus que nous par ailleurs, ils nous offrent le thé. Ils ont apporté avec eux tout le matériel nécessaire à cet effet.

Pendant un mois, le temps de notre captivité à Burg, nous vivons avec eux, dans les meilleurs termes. Ils parlent avec sympathie de notre religion, même du Souverain Pontife.

Dans nos allées et venues, nous faisons connaissance d'un capitaine d'artillerie russe, particulièrement aimable, parlant bien le français et l'allemand. Il se met à notre disposition, pour nous servir d'interprète, en toute circonstance. Il fait même, de suite, naître l'occasion de prouver sa bonne volonté et son savoir-faire.

On vous a classés comme officiers, dit-il. Alors, vous avez droit à la solde des officiers. Nous croyons rêver. Nous sommes pourtant bien dans le réel. Il va trouver le Commandant, et lui demande de nous inscrire pour la solde. Le Commandant accepte, mais ne sait dans quelle catégorie nous classer. Nous sommes officiers, c'est vrai, mais sans galons. Alors, le capitaine russe lui dit : Mon Commandant, étant donné l'âge de ces messieurs, vous ne pouvez pas faire moins que les assimiler aux capitaines (ce grade comporte 100 marks par mois ; au-dessous, ce n'est plus que 60 marks). La proposition est admise, et de ce jour, il nous est alloué une solde mensuelle de 100 marks.

Ce n'est pas une fortune. Car il faut payer notre cantine. Il faut aussi payer l'ordonnance que notre nouvelle situation nous impose. Mais, enfin, il reste quelque chose pour compléter peu à peu notre équipement qui fait pitié, et faire quelques charités à de plus malheureux.

En un mot, nous sommes, désormais, à l'abri du besoin pour le temps de la captivité.

Entre temps, nous faisons prier le curé catholique de Burg, de venir nous voir. Plus entreprenant et moins timide que celui de Wittenberg, il ne craint pas d'aller de l'avant pour nous être agréable. Il nous apporte la Sainte Communion, tous les jours, en attendant mieux. Ce mieux, il l'obtient vite, et, la veille de la Toussaint, il nous procure tout le matériel nécessaire pour dire la Messe, et l'autorisation de nous en servir dès le lendemain.

Grâce à lui, du premier novembre, jusqu'au vingt-trois, dernier jour de notre présence à Burg, nous avons l'immense consolation de célébrer quotidiennement les saints mystères.

Cependant M. le curé de Burg insiste à son tour, et nous sentons bien qu'il n'est que le porte-parole de l'autorité, pour que nous changions notre soutane contre des vêtements civils. Nous faisons la même objection qu'à Wittenberg : Le moyen ? Qu'à cela ne tienne, il va s'en occuper. Et, en effet, nous sommes bientôt en possession de vêtements, suffisamment convenables, cette fois.

Il est grand temps. Notre vieille soutane des jours de l'invasion et des nuits passées sur la paille, ne tient plus, et, sous peine d'aller en lambeaux, il faut la quitter. Nous la conservons, cependant, précieusement, pour les rares fois où nous aurons le bonheur de dire la Sainte Messe.

Une joie nous est encore réservée à Burg,

celle de pouvoir enfin écrire en France pour la première fois.

Je profite de cette première occasion, pour donner de 'mes nouvelles à Mgr Dizien, évêque d'Amiens, mon évêque. Une partie de ma lettre a été publiée dans quelques journaux français. J'y donne des détails, quelque peu caustiques, sur mon arrestation et ma captivité. On s'est demandé comment la censure allemande avait pu laisser passer cette lettre. Le voici, tout simplement :

Un jour, un feld-webel (sergent-major), vient nous trouver, un journal à la main. Il y a dans ce journal, dit-il, une lettre d'un officier allemand, prisonnier en France. Dans cette lettre, le prisonnier énumère les mauvais traitements qu'on lui fait subir (il était question de carreaux mal essuyés, de fenêtres trop souvent fermées, et d'autres choses encore, de même importance). Enfin, il faut croire que tout cela est exceptionnellement grave. Car le feld-webel ajoute : cela doit cesser, sinon, on usera de représailles à votre égard. Si vous voulez éviter cet ennui, il faut que vous écriviez à l'autorité militaire française, pour la prier d'améliorer la situation de nos officiers prisonniers.

Je lui réponds : je ne suis pas soldat, et, je ne connais pas les chefs de l'armée. Mais, si vous voulez, j'écrirai à mon évêque, à Amiens.

Il est en relations avec le Commandant du deuxième corps d'armée, et, par son intermédiaire, la commission sera faite. L'affaire est ainsi entendue.

J'écris donc à Mgr Dizien, une lettre dans le sens indiqué, sachant bien qu'elle ne trompera personne. Je termine cette lettre, en donnant le détail de mon arrestation et de ses conséquences. Le principal, pour moi, est à la fin de la lettre ; pour les Allemands, il est au commencement.

Toujours est-il, que l'un faisant passer l'autre, j'ai pu ainsi envoyer en France un peu de nouvelles détaillées.

Dès notre arrivée à Burg, constatant qu'il n'y a autour de nous, que des officiers russes, malgré les avantages que nous rencontrons dans leur société, nous agissons pour obtenir une situation moins étrange, plus normale. Nous prions le Commandant de vouloir bien nous envoyer dans un camp d'officiers français, lui faisant remarquer qu'il doit bien y en avoir quelque part, et que nous y serons mieux à notre place. La réponse se fait attendre. Il faut entamer de longs pourparlers, à ce sujet, avec l'autorité supérieure.

Enfin, notre requête est agréée, au moins en partie, et on vient nous dire que nous allons retourner à Wittenberg, avec le titre d'aumôniers du camp. Mais, il faut qu'un des trois reste à Burg. C'est M. le curé de St-Hilaire-les-Cambrai qui est désigné pour cela.

Je reprends donc la route de Wittenberg avec M. l'abbé Vilbert. On nous adjoint, comme troisième aumônier, un diacre de Bordeaux, M. l'abbé Durin, dont, naturellement, les pouvoirs sont très restreints. Mais l'ignorance de l'autorité allemande n'y regarde pas de si près. Vient aussi avec nous pour le service de ses coreligionnaires, un des prêtres russes, dont j'ai parlé plus haut ; le Père Théodore Skalskij, de Smolensk.

C'est ainsi que le camp de Wittenberg nous voit revenir, après un mois d'absence, le 23 novembre 1914.

❀ ❀ ❀

CHAPITRE IV

La Discipline allemande

Les Sanctions. — L'Alerte.

On a beaucoup parlé de la férocité des Allemands, à l'égard de leurs prisonniers. Il y a du vrai, il y a eu aussi beaucoup d'exagération. Je veux, dans ce chapitre, mettre les choses au point.

En principe, la discipline allemande est rigoureuse. Elle l'est pour les gens du pays, militaires ou civils. Il est naturel qu'elle le soit pour les prisonniers. Mais, en réalité, ceux-là seuls qui le veulent, en subissent les conséquences. Les règlements sont connus, ils sont affichés dans les baraques. Il n'y a qu'à s'y soumettre exactement. Et, de fait, d'une façon générale, seuls les insouciants et les mauvaises têtes s'attirent des désagréments.

Nous ne sommes pas habitués à cette discipline de fer. Notre tempérament, peut-être, ne s'y prête pas. Mais, il faut se placer en face de la mentalité allemande. C'est le

seul moyen d'apprécier sainement les faits
que je rapporte.

Les sanctions. — Quand un groupe reçoit
l'ordre de circuler, s'il ne le fait pas assez
vite, il peut s'attendre à être poursuivi à
coups de pied, à coups de crosse de fusil et
même, la baïonnette dans les reins.

Quand un prisonnier veut aller d'une compagnie à une autre, alors que c'est défendu,
et passe, pour cela, à travers les fils barbelés,
il s'expose à recevoir un coup de fusil, si la
sentinelle qui le voit a des instincts de bruta-
lité. Et, cela est arrivé quelquefois. Mais,
pourquoi le faire, puisque c'est défendu.

On parle de schlague, de poteau, etc...
C'est exact. Mais, s'il y a quelquefois des ju-
gements, par trop sommaires, qui entraînent
ces punitions, c'est l'exception. Ordinairement, la sanction suit une faute positive. Elle
est hors de proportion avec la faute. Mais, la
faute existe.

Ainsi, pour se soustraire à un ordre donné,
pour ne pas saluer un chef, pour lui répondre
mal, on se voit infliger plusieurs heures de
poteau, ou vingt coups de schlague qui vous
mettent le dos en sang, ou une privation de
pain pendant plusieurs jours, ou une semaine
de cellule, etc... Je cite deux faits particu-
liers :

Un jour, il plaît aux Allemands d'accrocher, dans une baraque, quelques drapeaux de leur pays. Ce n'est pas délicat, de leur part, et on comprend le sentiment de révolte qui se manifeste dans le cœur des prisonniers. Mais, ils sont les maîtres. Cependant, un docteur français arrive, constate le fait, et, dans un mouvement d'indignation, arrache les drapeaux. On s'en aperçoit. On fait une enquête. Le coupable est découvert. Il est mis en cellule pendant plus d'une semaine, réduit, pour la nourriture, au strict minimum. Et, lorsqu'il a purgé sa peine, on lui déclare qu'il est désormais indigne d'exercer sa profession, et on lui retire tout emploi. Cet homme, médecin de valeur, reste de longs mois à se morfondre à sa table de travail.

On s'aperçoit que beaucoup de prisonniers vendent ce qu'ils ont, même ce qui fait partie de l'équipement. Les uns sollicitent ces actes commerciaux, pour se procurer, à bon compte, des souvenirs, ou des objets nécessaires. Les autres sont acculés à vendre leurs affaires, parce qu'ils sont dans la misère noire ; et, il faut bien quelques sous pour acheter du tabac.

L'autorité ne l'entend pas ainsi, et interdit absolument, dans le camp, la vente de certains objets. Le commerce continue, néanmoins, en cachette. Mais, quelquefois, on se fait prendre. Un jour, donc, un soldat veut vendre sa gamelle d'ordonnance. Il se place au détour d'une allée, tenant la dite gamelle bien en évidence, sans rien dire, toutefois. Un autre soldat passe sans penser à mal. Instinctivement, il se détourne quelque peu vers celui qui offre ainsi sa marchandise. Aucune parole n'est prononcée. Mais, la sentinelle a aperçu le manège. Il n'en faut pas plus. Le coupable et l'imprudent sont conduits à la censure, déshabillés et étendus sur un banc, où, on leur administre une volée de schlague de premier ordre.

L'Alerte. — La partie la plus rigoureuse de la discipline, c'est l'alerte.

Quand on siffle l'alerte, il faut que tous rentrent, au plus vite, dans les baraques ; que portes et fenêtres soient fermées, et qu'on n'aperçoive plus personne. Malheur à celui qui montre le bout du nez, avant la fin de l'alerte ! On tire dessus.

L'alerte est, ordinairement, sifflée sans motif spécial. C'est un simple exercice, pour apprendre aux soldats du corps de garde à occuper vivement leur poste, en cas de révolte dans le camp. Celui-ci est, alors, complètement entouré de soldats. Les sentinelles sont doublées. Il y a, même, une section d'artilleurs qui se rend à une batterie de vieux canons, toujours braqués sur le camp.

J'ai vu bien des alertes, à Wittenberg. Deux, surtout, méritent une mention particulière ; l'une, à cause de son caractère plutôt comique ; l'autre, à cause de la terreur qu'elle a semée dans le camp.

On trouve, un jour, que les médecins et les aumôniers doivent changer de baraque, et qu'il faut s'exécuter sans retard. Une corvée de prisonniers arrive pour emporter le mobilier. Il n'y en a pas beaucoup pour chacun. Mais, il y plus de trente intéressés, dont chacun possède un lit, une table, une chaise, une lampe et quelques objets personnels. C'est une véritable procession, chacun escortant son bien. Il y a trois cents mètres à parcourir. La pluie tombe. Il faut aller quand même. On n'est pas arrivé à moitié route, que l'alerte est sifflée. Tout le monde de se sauver, abandonnant son mobilier sous la pluie, et d'aller se cacher, en attendant la fin, une demi-heure, peut-être, dans la première baraque venue. J'ai toujours cru à un acte de taquinerie des Allemands, à l'égard des médecins.

Autre chose. Un soir d'été, vers huit heures. un prisonnier attardé près du chemin de ronde, est rappelé à l'ordre par la sentinelle voisine. Il n'y fait pas trop attention. Car, d'ordinaire, quand il fait encore grand jour. les gardiens se montrent assez tolérants, et on en profite pour prolonger sa promenade. Ce jour-là, on a affaire à un soldat plus à cheval sur le règlement. Il renouvelle son rappel à l'ordre, en criant au prisonnier : Barake, barake, ce qui veut dire, en bon français : rentrez. Le malheureux prisonnier fait un geste quelconque que la sentinelle prend pour une moquerie. Il est aussitôt mis en joue, et tué d'une balle dans la tête.

Les prisonniers de la baraque voisine, entendant un coup de feu, sortent pour voir ce qui se passe. Ils aperçoivent leur camarade étendu ; se portent à son secours. La sentinelle prend peur, perd la tête, siffle l'alerte, et, pour se disculper, explique aux renforts qui arrivent, qu'il y a révolte dans la compagnie. La situation devient terrible. On ne laisse pas aux prisonniers le temps réglementaire, soit dix minutes, pour rentrer dans leur logement. En un instant, vingt coups de fusil sont tirés. Au total, il y a trois tués et cinq blessés.

Tels sont les faits qui caractérisent la discipline allemande. J'ai dit, et je le répète, les actes de rigueur n'atteignent, d'ordinaire, que les indisciplinés, et, chose digne de remarque, et qui est de nature à empêcher les parents des prisonniers de s'alarmer, ce sont les Français qui souffrent le moins de cet état de choses. Etant donné le tempérament frondeur du Français, on pourrait craindre le contraire. La vérité est, que là-bas, les plus disciplinés sont les Français.

❀ ❀ ❀

CHAPITRE V

La Vie au Camp

**La Nourriture, moyens de l'améliorer.
Le Vêtement. — La Correspondance.**

La nourriture. — D'une façon générale, je puis dire que la nourriture est juste suffisante pour vivre. Elle est insuffisante pour mettre le prisonnier en état de résister aux différentes maladies qui peuvent régner dans un camp. Voici le menu quotidien de Wittenberg. C'est, sans doute, sensiblement le même que dans les autres camps.

Le matin, vers 7 heures, un peu de jus noir, à peine sucré. Je dis, jus noir. Car le mot, café, ne convient pas à ce liquide fait avec je ne sais quelles graines grillées. A 9 heures, distribution du pain. Jusqu'au 15 juin, la ration est de 500 grammes, pour la journée. Au 15 juin, on annonce aux prisonniers, que, désormais, ils ne doivent plus toucher que 300 grammes. Le pain, assez acceptable, au début, a perdu, peu à peu, les quelques qualités qu'il avait. Sa couleur reste sale. La proportion de pommes de terre, qu'il contient, augmente considérablement ; et, il arrive, quelquefois, de trouver dans ce pain la pomme de terre, non mélangée avec la farine, et, pas toujours bien épluchée.

A midi, la soupe. C'est le plat de résistance de la journée. La portion est d'un litre par homme. La soupe contient, ordinairement, des pommes de terre, en assez grande quantité, avec très peu de viande et beaucoup de liquide. Quelquefois, la viande est remplacée par de la morue. Le macaroni fait, de temps à autre, son apparition. Pendant longtemps, on a ajouté, dans cette soupe, différents fruits : des figues, des poires, du raisin, etc..., ce qui lui donnait un petit goût, mi-sucré, mi-acide, auquel on s'habituait à la longue.

On n'est pas toujours heureux pour la viande. C'est au petit bonheur. La soupe est apportée dans un baquet qui contient 50 portions. On y puise avec une louche qui a la capacité voulue pour chacun. Tant mieux pour celui qui a de la chance.

Le soir, autre soupe, mais beaucoup plus claire qu'à midi. Ce n'est guère qu'un peu de farine de seigle délayée dans de l'eau, avec de la margarine pour graisser le bouillon. On y trouve, par exception, une pomme de terre, ou quelques grains d'orge.

C'est tout pour la nourriture. 6

Moyens d'améliorer l'ordinaire. — Pour
améliorer cet ordinaire, il y a deux moyens :
les colis et les mandats que les prisonniers
reçoivent.

Les colis de provisions viennent en première ligne. Les parents des prisonniers l'ont
compris, et chaque jour, on voit arriver une
quantité énorme de ces colis, toujours atten-
dus avec impatience.

On s'est demandé si ces colis arrivaient
bien à destination. Oui, en général, et ils
sont distribués intacts, sauf pour le pain qui
est ordinairement moisi, les colis ne mettant
pas moins de trois semaines en route. Il s'est
fondé des maisons, ou des œuvres de pain
spécial, qui n'ont pas toujours donné satisfaction. Pour cette raison, le biscuit et le
pain grillé sont préférables au pain ordinaire,
bien que ce ne soit pas l'idéal. Car, ce que
désirent surtout les prisonniers, c'est du vrai
pain, pour manger avec les différentes conserves qu'on leur envoie.

Les colis sont visités, à la censure, en présence de quelques gradés chargés de les distribuer après la visite. Dans d'autres camps,
c'est mieux encore. J'ai vu la méthode suivante, employée à Rastatt : on appelle tous
ceux qui ont des colis ; on leur en fait la
livraison, et, chacun va ouvrir, lui-même, son
propre colis, sous les yeux d'un inspecteur

installé près d'une table dans ce but. Il n'y a pas de gratte possible. Lorsqu'on a enlevé les objets gâtés, et ceux qui ne doivent pas passer, s'il y en a, le propriétaire du colis est libre d'en disposer à sa convenance.

Après les colis viennent les mandats. Ils sont également distribués sans retenue, mais, pas de la même façon partout. Dans un camp, on verse le montant intégral, en une seule fois. Dans un autre camp, on ne le verse que par petites fractions. A Wittenberg, on emploie un autre système, surtout depuis que l'épidémie a pénétré dans le camp. L'argent étant considéré comme un porte-microbe, il ne faut pas qu'il circule, et surtout, qu'après avoir passé dans un camp contaminé, il aille porter la contagion chez les fournisseurs de la ville. Alors, on donne seulement au destinataire le talon du mandat qui en indique le montant. Celui-ci est porté, en avoir, au compte-courant du prisonnier. Grâce à cet envoi, il peut commander différentes choses, jusqu'à concurrence de la somme indiquée. S'il veut réaliser un peu d'argent, il commande plus qu'il ne faut, se fait commerçant, auprès de ses camarades qui n'ont pas de compte ouvert, mais, qui ont encore de l'argent en poche, et leur vend son superflu. On se tire d'affaire comme on peut. Aussi, je n'hésite pas à dire : mieux vaut envoyer un colis de plus, et un mandat de moins.

Le vêtement. — Quand je suis rentré en France, j'ai vu beaucoup de parents de prisonniers qui m'ont dit : On ne nous demande pas de vêtements, ni de linge ; est-ce que, vraiment, ils n'ont besoin de rien de tout cela ? J'ai dû répondre : en général, ils n'en ont pas besoin, et, s'ils n'en réclament pas, il est inutile de leur en envoyer.

Il faut distinguer deux périodes ; celle d'avant l'hiver, et celle d'après.

Dans la première période, beaucoup ont souffert du manque de vêtements, surtout parmi les civils. Ceux-ci ont été pris dans les mois d'août et de septembre, en habits de travail d'été, c'est-à-dire, vêtus plutôt légèrement, et sont arrivés, dans cet état, à Wittenberg. Comme ils venaient de pays envahis, ils n'ont pu écrire chez eux, et on n'a pu leur faire aucun envoi. D'autre part, l'autorité allemande n'a fourni des vêtements qu'à la fin de l'hiver. Ils ont donc, forcément, souffert du froid. Il y avait bien quelques vêtements à la cantine ; mais, la plupart de ces prisonniers étaient sans argent pour les acheter. C'est ce qui explique bien des bronchites, des pneumonies, etc..., qui en ont conduit beaucoup à l'hôpital et un certain nombre à la mort.

Les soldats, en général, étaient mieux équipés. Presque tous avaient conservé leur capote, leurs bonnes chaussures ; et ils ont pu résister plus facilement.

Après l'hiver, c'est-à-dire bien tard, trop tard, la situation s'améliore. Les Allemands se décident à donner des galoches, des tricots, etc... La Croix-Rouge et différentes œuvres font des envois. Les familles connaissent, après une longue attente, l'adresse des prisonniers, et mettent fin à une négligence forcée. De la sorte, presque tout le monde a, au moins, le nécessaire. En outre, comme il y en a qui sont surabondamment pourvus, des marchés d'habits s'ouvrent, où l'on trouve, pour presque rien, de superbes occasions. C'est pourquoi les prisonniers ne réclament pas de vêtements ni de linge.

Un fait bizarre se produit : c'est le troquement des effets. Le désir d'emporter des souvenirs des alliés en est la cause principale. De ce chef, civils et militaires forment un groupe qui ne manque pas de cachet, tant est varié le mélange qui s'opère des différents uniformes. On ne peut pas dire que les prisonniers ont des vêtements tricolores. Le mot n'est pas juste. Mais, on peut dire qu'ils ont des vêtements trinationaux. Celui-ci a une casquette russe, une capote française, un pantalon anglais. Celui-là a la casquette anglaise, la capote russe, le pantalon français. Et, ainsi de suite. Les combinaisons varient à l'infini.

La correspondance. — Le règlement des correspondances, dans les camps, est extrêmement varié. Il dépend de la plus ou moins bonne volonté du Commandant.

Alors que, dans certains camps, on écrit toujours des lettres, dans d'autres, on n'écrit que des cartes. Ailleurs, on écrit une fois une lettre, une fois une carte. La fréquence des envois est, elle-même, plus ou moins restreinte, suivant les endroits. Ici, on écrit tous les cinq jours, là, toutes les semaines, ou moins souvent encore.

Je ne veux parler que de Wittenberg. Dans ce camp, on n'a pas été plus gâté sous ce rapport que sous d'autres ; et, il est admis, généralement, que ce camp est un des plus mauvais de l'Allemagne.

A Wittenberg, donc, il n'a pas été permis d'écrire avant le milieu de novembre, et seulement une carte, tous les dix jours, à peu près. Mais, la permission n'a pas duré longtemps. Elle était supprimée à la fin de décembre, et, elle ne devait être rétablie que le 10 mai. L'épidémie, soi-disant, en fut la raison. Cette privation fut la cause de grandes souffrances morales pour tous les prisonniers, et de grandes souffrances physiques pour beaucoup. Bien des parents, ne recevant plus de nouvelles, et n'en connaissant pas la raison, cessèrent leurs envois. Ce n'est que lorsqu'à bout de patience, ils firent intervenir la Croix-Rouge, qu'ils purent savoir que leurs prisonniers étaient encore vivants, qu'ils se portaient bien, et avaient un extrême besoin de telle ou telle chose. Mais, ce n'était là qu'un renseignement indirect, auquel on ne croyait qu'à moitié.

Enfin, le 10 mai, la correspondance est rétablie ; mais, seulement à raison d'une carte de six lignes, par semaine. C'est peu. Néanmoins, après une si longue privation, on éprouve un véritable soulagement. Les familles ne sont pas encore satisfaites. On le comprend. Mais, leur inquiétude cesse.

Quant à moi, cette rigueur, relativement à la correspondance, je ne l'attribue pas à l'épidémie, mais, à la pénurie d'interprètes. Il n'y en a guère que trois pour quinze mille prisonniers, de différentes nationalités, et il faut lire les cartes de tous ces prisonniers, et, encore, toutes les lettres qui leur arrivent. On conçoit la somme de travail que cela demande. Pas n'est besoin d'autre raison pour expliquer la sévérité du règlement.

Il faut reconnaître qu'on est beaucoup plus large pour les lettres adressées aux prisonniers. On les accepte toutes. Il y en a de longues, et qui se répètent souvent pour les mêmes individus. On exige seulement que l'écriture soit bien lisible, et encore...

Cette différence de sévérité, entre les départs et les arrivées, a son explication dans le fait que les Allemands sont essentiellement défiants, par là même curieux. Ils veulent savoir ce qu'on pense à l'étranger. Tout est là.

❀ ❀ ❀

CHAPITRE VI

La Vie au Camp *(Suite)*

Occupations des Prisonniers. — Leurs sources de renseignements.

Occupations des prisonniers. — Travaillent-ils ? Comment emploient-ils leur temps ? Je vais essayer de répondre à ces questions.

Pour le travail, comme pour autre chose, il y a de grandes différences entre les divers camps.

A Wittenberg, au début, c'est-à-dire fin septembre 1914, on a demandé des travailleurs de bonne volonté, parmi les soldats. Je dis, parmi les soldats, parce que, on ne voulait pas de civils, par crainte des évasions. Un certain nombre se sont présentés. On les a répartis chez divers industriels, ou entrepreneurs de travaux. Ils se rendaient au travail et en revenaient, encadrés de sentinelles. Ils recevaient pour leur journée 60 ou 70 pfennigs (il faut 80 pf. pour un franc), et un supplément de nourriture. Ils avaient, en conséquence, une situation bien améliorée. De plus,

leur contact avec des ouvriers allemands leur
permettait de se procurer, en ville, bien des
douceurs. Ils en rapportaient au camp et en
faisaient profiter leurs camarades, moyennant
un petit bénéfice. Qui pourrait le leur reprocher ? Mais, au mois de décembre, le choléra
éclate dans le camp, et celui-ci est consigné.
Désormais, personne n'ira plus travailler en
ville, du moins jusqu'au 15 juin, date de ma
libération.

Alors, que faire, toute une journée ?

Il y a, d'abord, les corvées obligatoires.
Chacun va, à son tour, chercher le jus noir,
le pain et la soupe, et prête son concours aux
travaux de propreté, tant dans l'intérieur des
baraques qu'à l'extérieur.

Il y a les appels et les revues qui se répètent
très souvent : les appels, pour contrôler la
présence des prisonniers ; les revues, pour
toutes sortes de choses : revue des couvertures, revue des gamelles, revue des vêtements,
revue, même, de la propreté corporelle. Celle-
ci est aussi utile que les autres. On peut s'en
rendre compte par le fait suivant :

Un jour d'hiver, quatre prisonniers, dont
je ne veux indiquer, ni la qualité, ni la nationalité, craignant l'eau froide, et voulant
néanmoins se laver, trouvent l'ingénieuse solution suivante : Ils prennent, pour eux quatre, un quart de soldat, l'emplissent à moi-

tié, à la fontaine. Cela fait, ils absorbent, chacun, une gorgée d'eau, qu'ils gardent un instant dans la bouche. Quand ils jugent que cette eau est suffisamment tiède, ils la rejettent dans leurs mains qu'ils passent rapidement sur le milieu de leur figure, et, leur toilette est faite. On conçoit qu'après une pareille opération, il doit rester, sur la figure, un cercle révélateur qui justifie une revue de propreté.

Le lavage du linge, pour lequel les Allemands fournissent un peu de savon, son raccommodage et celui des vêtements, sont encore des occupations, auxquelles les prisonniers ne peuvent pas se soustraire indéfiniment.

Tout cela, cependant, n'absorbe qu'une petite partie de la journée. Que faire, le reste du temps ? C'est laissé à la liberté de chacun.

Les plus nonchalants, et, ils sont en réalité l'exception, prennent de longues infusions de paillasse. D'autres, un peu plus courageux, font les cent pas autour de leur baraque. L'espace ne manque pas d'ailleurs, pour cela. Il y a, dans chaque compagnie, une large avenue de 250 mètres, sans compter un terrain libre autour de chaque bâtiment.

Viennent, ensuite, les spécialistes de différents jeux : cartes, échecs, dames, dominos, etc... On peut faire venir ces jeux du dehors.

Mais, ce n'est pas nécessaire. Car, tout se fabrique dans le camp. Toutes les industries y sont supérieurement représentées.

Après les menuisiers et les couteliers, viennent les tailleurs, puis, des cordonniers, qui, oubliant, pour une fois, leur véritable profession, qui consiste à faire des souliers ou à les raccommoder, démolissent leurs tiges de bottes, pour en fabriquer des portefeuilles ou des porte-monnaie qui ne dépareraient pas les façades des plus beaux magasins.

Voici, maintenant, des ferblantiers, des fondeurs, des sculpteurs. Ils utilisent ce qui leur tombe sous la main. Pendant que les uns, avec des boites de conserves, font des lampes à alcool, aussi élégantes que pratiques, les autres s'associent pour travailler ensemble, et, avec un os trouvé dans la soupe, et un morceau de cuiller fondu, confectionnent des porte-cigarettes vraiment artistiques. Les faiseurs de bagues ne sont pas inconnus. On trouve, même, qui le croirait, des faux-monnayeurs. Mais le succès de ces derniers ne dure pas longtemps. On n'est pas dupe deux fois.

Il y a, aussi, des peintres de talent, et des musiciens de valeur. Grâce aux premiers, on aura, après la captivité, des spécimens, très réussis, de tous les types de la création. Grâce aux seconds, on assiste, dans le camp, à des concerts très brillants. Le violon, l'accordéon, la flûte se font entendre souvent pour la plus grande joie des auditeurs.

Les ingénieurs, les notaires, les employés d'administration, etc.., utilisent leurs loisirs à s'entretenir dans les détails de leur profession.

Je ne puis passer sous silence le groupe des commerçants. Car, à Wittenberg, le grand commerce existe.

On le voit, les occupations ne manquent pas aux prisonniers, et chacun peut employer son temps suivant ses aptitudes. Le temps de la captivité semble long, quand même. Mais, l'ennui, dans le vrai sens du mot, est à peu près inconnu dans le camp.

Les sources de renseignements. — Les prisonniers sont-ils renseignés sur les événements ? Oui, et certainement, au moins autant que nous en France.

On trouve, d'abord, dans les lettres des familles, certains détails, plus ou moins clairs et précis, que la censure laisse passer. On rencontre parfois, dans les colis, des chiffons de papier qui enveloppent certains objets, et qui sont, ni plus ou moins, des débris de journaux, renfermant des communiqués officiels. Mais, tout cela ne donne que des renseignements rétrospectifs.

La meilleure source de renseignements est encore le journal allemand. Certains prisonniers sont abonnés à différentes feuilles, même aux journaux les plus importants, comme le « Berliner Tageblatt ». Celui-ci, en particulier, donne généralement tous les communiqués : Allemand, Français, Russe, Anglais, Italien... et, ordinairement, dans leur teneur intégrale. Quelquefois, un chiffre de prisonniers, donné par les communiqués des alliés, peut-être supprimé ou rectifié, ou bien, un point d'interrogation est placé, à la fin d'un alinéa, pour créer un doute, ou bien encore, un passage est démenti par une formule comme celle-ci : Il n'a pu y avoir de combat à cet endroit, puisque nous n'y avons pas de troupes. Mais, ceci ne retire pas le communiqué, lui-même, qui permet aux prisonniers de se former la conscience.

Pour faciliter la connaissance de ce qui est contenu dans les journaux allemands, il y a, à Wittenberg, un sergent prisonnier qui connaît parfaitement la langue du pays. Chaque jour, il fait la traduction littérale de tout ce qui peut intéresser ses camarades, et, dans l'après-midi, quelqu'un passe dans toutes les baraques pour lire le *Rapport*. Cette lecture est toujours attendue avec impatience. Mais, hélas ! son contenu n'est pas toujours conforme aux désirs des auditeurs.

Les prisonniers ont d'autres moyens infaillibles de se faire une idée, au moins générale des événements. Ils épient, sur la figure des sentinelles et des chefs, les sentiments que ceux-ci ne savent pas cacher. Un air rébarbatif et féroce est un signe de mauvaises nouvelles pour les Allemands. Si, au contraire, l'air est aimable et bon enfant, c'est que les affaires des alliés sont en mauvaise posture.

Les trains, eux-mêmes, donnent des indications. Selon la quantité de trains de matériel, de troupes ou d'ambulance que l'on voit passer, on peut dire infailliblement : du côté de la Russie, ça chauffe, ou c'est calme.

Le prisonnier, en un mot, est à l'affût de tout ce qui peut le renseigner. L'analyse de l'état d'esprit allemand, dont il peut se rendre compte par des signes extérieurs, lui fournit d'utiles connaissances et relève son courage, même lorsque des nouvelles désagréables semblent devoir le déprimer.

Il constate que l'enthousiasme populaire a beaucoup baissé autour de lui ; qu'on n'entend plus aussi souvent le son des cloches, et qu'on ne voit plus flotter tant de drapeaux.

A force de tromper le peuple, on le rend incrédule. En Allemagne, on ne néglige rien pour leurrer la masse.

S'agit-il de la défaite de la Marne, les Allemands intitulent ainsi leur retraite : *Notre marche sur Calais.*

S'agit-il de chauffer un emprunt, celui du commencement de l'année, on fait paraître une édition spéciale, avec ce titre, en caractères énormes : 60.000 *Russes prisonniers*. En cherchant bien, on trouve l'explication suivante, cachée honteusement au milieu d'une colonne : Au cours de la campagne d'hiver, nous avons fait 60.000 Russes prisonniers.

Une autre édition spéciale porte, quelques mois plus tard, cet autre titre, en lettres non moins énormes : 130.000 *Russes prisonniers*. Excusez du peu. La population s'enflamme. Les prisonniers demeurent sceptiques, et ils ont raison. Car, le lendemain, le « Berliner Tageblatt » prend la peine de démentir officiellement le canard, en disant : Nous ne comprenons pas comment a pu passer la dépêche qui annonçait hier 130.000 Russes prisonniers. Cette nouvelle est inexacte. Nous n'avons fait, en réalité que 30.000 prisonniers. Si le « Berliner » ne comprend pas, les prisonniers comprennent. Car, c'est le jour de la déclaration de guerre à l'Italie. Il faut ceci pour faire passer cela.

A la longue, le peuple commence à voir clair. Son enthousiasme faiblit, et le découragement montre le bout de l'oreille. Les prisonniers voient tout cela, et ils en sont réconfortés.

❀ ❀ ❀

CHAPITRE VII

Le Service médical

**Imprévoyance des Allemands. — Leur attitude
vis-à-vis des Médecins.**

❧

Imprévoyance des Allemands. — Les Allemands ont prévu beaucoup de choses, en vue de la guerre. Il y a cependant, des lacunes dans leur organisation. Si tout est prêt pour recueillir des blessés dans les hôpitaux, tout manque pour les prisonniers malades dans les camps. Ceux-ci peuvent, avec raison, se plaindre de privations de toutes sortes, tandis que ceux-là reconnaissent, généralement, qu'ils ont été bien soignés.

A Wittenberg, on n'a construit que deux baraques pouvant contenir, environ 300 malades. Et, à un moment donné, on en compte, en même temps, plus de 1.200.

La conséquence. c'est qu'il est impossible d'isoler les maladies contagieuses des autres. Il faut mettre, pêle-mêle, les cholériques, les

7

typhiques, ceux qui n'ont que des maladies internes, telles que bronchites, pleurésies, etc..., ceux qui ne relèvent que du service chirurgical et ceux, pour lesquels on n'a pas encore pu établir de diagnostic certain, et qu'on tient en observation.

Il arrive, ainsi, que beaucoup guérissant d'une maladie pour laquelle ils sont entrés au Lazaret, sont bientôt victimes d'une autre.

Il arrive aussi, que des hommes, mis en observation, et, reconnus sains, au bout de quelques jours, sont renvoyés à leur compagnie, non sans emporter des germes de maladie qui vont se développer, et les ramènent, bientôt, à l'hôpital, avec une fièvre bien caractérisée, dont, par surcroît, ils auront communiqué les microbes à leurs voisins de baraque.

On le voit, la contagion est plutôt favorisée que combattue.

Au point de vue des remèdes, ce n'est pas mieux. Pendant de longs mois, il y a pénurie, presque complète, de médicaments.

Chaque médecin n'a même pas toujours de thermomètre. A plus forte raison, en manque-t-il dans les salles. Et j'ai vu ceci, que, au lieu de prendre la température des fiévreux, matin et soir, les infirmiers n'arrivaient pas toujours à la prendre une fois tous les cinq jours.

Les lits manquent aussi. Beaucoup de malades sont couchés sur une simple paillasse, par terre. J'en ai même vu un, un jour, couché à même le plancher.

Enfin, la grandeur du mal fait ouvrir les yeux, et on se décide à construire de nouvelles baraques, pour élargir le Lazaret. En attendant l'achèvement du travail, pour avoir des salles disponibles, on fait déménager les prisonniers de la huitième compagnie, la plus rapprochée du Lazaret, et on les répartit dans les sept autres compagnies. Et, comme il y a déjà pléthore partout, la situation devient abominable.

Les médecins, eux-mêmes, ont des difficultés inouïes pour remplir leur office.

Il y a dans le camp 11.000 Russes, 3.000 Français, 1.000 Anglais et quelques Belges. Pour soigner tout ce monde, on fait venir, dès les premiers jours d'octobre, des médecins de différentes nationalités, mais sans proportion avec la nationalité des prisonniers, c'est ainsi qu'il n'y a que trois médecins russes pour treize médecins français et deux belges. Les médecins anglais manquent pour le moment. Ils ne viendront que bien plus tard.

On arrive à ce résultat, que, presque tout le service des compagnies est confié aux médecins français qui doivent, indistinctement, voir les malades des différents pays. Bien souvent, les choses doivent se passer de la façon suivante : Un Russe se présente à la visite faite par un Français. Il faut l'interroger. Le médecin est obligé de se servir de plusieurs intermédiaires. Il s'adresse d'abord à un Français connaissant l'allemand. Celui-ci transmet la question, en allemand, à un Russe qui connait cette langue. A son tour, le Russe traduit, dans sa langue nationale, au malade, la question du docteur. La réponse suit le chemin inverse. Quelle perte de temps ! Et quelle précision peut avoir un diagnostic, dans ces conditions !

Ce n'est qu'au mois de décembre que l'autorité consent à augmenter le nombre des médecins russes. L'heure des médecins anglais n'est pas encore sonnée.

L'attitude des Allemands, vis-à-vis des médecins. — Désormais, le service se fait un peu plus facilement. Mais, si les prisonniers sont mieux soignés, les médecins sont mal vus de l'administration du camp.

Les premiers qui arrivent ont des passeports en règle, à eux délivrés par l'autorité allemande, pour leur permettre de regagner la France par la Suisse. Ils les exhibent. On les leur prend, soi-disant, pour les examiner. Puis, on les garde, en déclarant tout simplement aux médecins qu'ils sont prisonniers.

Ceux-ci sont obligés, par devoir profession-
nel, de faire, quelquefois, des réclamations
sur la mauvaise qualité des comestibles ven-
dus à la cantine, ou, sur l'insuffisance du régime alimentaire qu'on impose aux prisonniers, etc... Ces réclamations sont généralement mal reçues ; et, si, par malheur, la réclamation est faite en termes un peu vifs, elle
attire des désagréments, quelquefois très graves, à son auteur.

C'est ainsi que, pour punir un jeune docteur qui avait mis un peu de fiel dans ses paroles, on lui impose le service le plus dangereux, celui des contagieux, et, par surcroît,
on l'oblige à installer sa chambre auprès
d'eux, de telle façon qu'il doit vivre, jour et
nuit, dans une atmosphère contaminée au
plus haut point. Il échappa au choléra ; mais,
le typhus ne l'épargna pas. Il en mourut. Peu
de temps, avant qu'il ne tombât malade, on
avait dressé une liste de médecins, en vue d'un
échange. Il devait être le premier inscrit,
comme étant le seul médecin militaire de carrière. Ordre fut donné de ne pas le porter
sur la liste.

Voici un autre fait qui dépeint les Allemands sous leur vrai jour, c'est-à-dire,
comme des hommes ne respectant rien, et,
regardant les contrats les plus solennels
comme des « chiffons de papier » :

Les médecins ont touché, jusqu'en janvier, une solde proportionnée à leur grade et à leur qualité. C'est trop. Le médecin-chef allemand les appelle un jour, et leur lit un papier qui contient ceci : Par ordre de Sa Majesté l'Empereur, la *convention de Genève n'existe plus*. En conséquence, vous serez désormais traités comme des officiers ordinaires, au point de vue de la solde. Jusqu'au grade de capitaine, vous toucherez 60 marks. A partir du grade de capitaine, vous toucherez 100 marks. Les médecins français, à Wittenberg, ne dépassent pas le grade de lieutenant. Ils ne doivent donc plus recevoir que 60 marks. C'est le prix de la pension. Mais, le menu des médecins est, souvent, par trop sobre, et il faut le compléter à ses frais. La solde est donc insuffisante pour l'alimentation nécessaire.

Dans ces conditions, les médecins refusent de toucher, et déclarent qu'on réglera leur pension comme on voudra, mais, qu'eux-mêmes ne s'en occuperont plus. Et, aussitôt, ils écrivent à leurs familles pour qu'on leur envoie de l'argent dont plusieurs vont avoir un besoin pressant. Les Allemands ne sont sans doute pas flattés de cette manière de faire. Mais, ils n'osent pas se fâcher.

Deux mois se passent. Le trésorier-payeur allemand ne paie rien à la cantinière. Celle-ci réclame aux médecins qui font la sourde oreille. Enfin, un beau jour, l'autorité, gênée, peut-être, de cette situation, touchée, peut-être aussi, du dévouement inlassable des médecins qui continuent à remplir fidèlement tout leur devoir, revient sur sa décision, qui n'était nullement, sans doute, celle de l'empereur, et rétablit la solde à son ancien taux. On paie, même, l'arriéré.

J'ai parlé du dévouement des médecins. Oui, ils furent dévoués, jusqu'à la plus complète abnégation, malgré toutes les tracasseries dont ils furent les victimes. Les exemples sont ici inutiles. Un fait prime tout, et y ajouter quelque chose serait l'amoindrir. Ce fait le voici :

Sur trente médecins, environ, de différentes nationalités, qui se trouvaient à Wittenberg, *vingt-trois ont contracté le typhus, et, huit en sont morts* : trois Français, trois Anglais et deux Russes.

Je me reprocherais de ne pas citer, au moins, les noms des trois médecins français qui ont été ainsi victimes du devoir :

Le docteur Trichler, médecin colonial de carrière ;

Le docteur Joubrel, aide-major, promu à un grade supérieur pour sa belle conduite pendant la guerre ;

Le docteur Caillez, jeune médecin plein d'avenir, ce dernier de la Somme.

Les infirmiers ne montrèrent pas moins de dévouement, et pour ne parler que des Français, un seul échappa à la contagion. Tous les autres furent atteints, et, cinq au moins payèrent ce dévouement de leur vie.

✿ ✿ ✿

CHAPITRE VIII

Les Epidémies. Encore l'attitude des Allemands

❧

Les épidémies. — Le mot « épidémie » a été souvent prononcé dans les chapitres précédents. Il est l'heure de donner un mot d'explication à ce sujet.

Deux épidémies ont sévi dans le camp de Wittenberg : Le choléra et le typhus.

Le choléra fit son apparition, à la fin de novembre, et disparut au commencement de janvier. Peut-être, n'était-ce pas la bonne saison, pour lui. Peut-être, la vaccination qui fut pratiquée immédiatement eût-elle une action souveraine. Toujours est-il que le choléra ne se propagea pas beaucoup, et ne fit qu'un nombre assez restreint de victimes, presque pas parmi les Français.

Le typhus fut moins complaisant. Il apparut au commencement de janvier, et se développa surtout par trois foyers successifs. Il ne disparut guère complètement que dans le mois de juillet.

On voulut l'enrayer, comme le choléra, par la vaccination. Mais, n'ayant pas de vaccin spécial contre cette maladie, on crut que le vaccin de la typhoïde pourrait agir utilement. Ce fut tout le contraire.

Les prisonniers de la première compagnie furent vaccinés, et, c'est dans cette compagnie que le mal se propagea le plus vite, et fit plus de victimes. La vaccination ne fut pas continuée.

Cela peut paraître étrange à certaines personnes qui confondent volontiers typhus et typhoïde, ignorant que ce sont deux maladies tout à fait différentes.

Je ne suis pas médecin, et, pour cela, je n'entrerai pas dans des explications qui seraient, peut-être, des hérésies, au point de vue médical. C'est en profane que je veux dire un mot de cette maladie, donnant, pour ce qu'elles valent, les observations que j'ai pu faire sur son évolution à Wittenberg.

Il s'agit, dans l'espèce, du typhus exanthématique. Il occasionne, ordinairement, au début, un violent mal de tête, chez celui qui en est atteint. La température est élevée, et elle va en progressant, jusqu'au quatrième jour, où elle est aux environs de 40 degrés. Alors, apparaissent, sur le corps, des tâches lenticu-

laires, et le mal de tête fait place à de la pros-
tration. Mais, la température reste élevée jusqu'au quatorzième jour, environ. Elle dimi-
nue alors, et le malade entre en convales-
cence. C'est la marche normale.

Il arrive souvent des complications qui ren-
dent la maladie plus grave, et, presque toujours mortelle. C'est le cas, lorsque le système
nerveux est atteint. On constate, alors, le
trismus de la face, la difficulté de boire, le dé-
lire... C'est le cas, encore, lorsqu'il survient
de la congestion.

Le microbe du typhus n'est pas encore
connu, et, partant, pas davantage le traitement spécifique de la maladie. On ne peut
employer, contre elle, que les traitements
ordinaires des maladies à haute température,
tels que enveloppements humides, huile cam-
phrée, sérum...

Plusieurs médecins se sont occupés spécialement, là-bas, d'étudier le typhus, et d'en
chercher le remède approprié.

Leurs expériences, sur une vaste échelle,
leur permettront peut-être, d'apporter, après
la guerre, une nouvelle conquête de la
science.

Au point de vue de l'alimentation des malades, les avis des médecins ont été partagés.
Il paraît qu'à ce sujet il y a deux écoles en
présence. L'une prescrit la diète, en cas de

fièvre. L'autre veut qu'on nourrisse le malade, pour lui donner la force de résister à la fièvre. Je ne suis pas qualifié pour départager les tenants de ces deux écoles. Je constate seulement que les deux méthodes ont été employées à Wittenberg, sans modifier sensiblement les résultats.

Pour en finir avec cette maladie, je ferai remarquer qu'elle a atteint beaucoup de sujets, mais, que la mortalité est restée relativement faible : 12 % environ.

L'attitude des Allemands en face de l'épidémie. — Cette attitude fut piteuse. Ce fut, autour du camp, une véritable frousse. lorsque le mal fut bien déclaré. Tout le monde prit la fuite. Les bâtiments de la kommandantur et du corps de garde furent évacués, et leurs habitants transférés à un kilomètre de là. Le médecin-chef ne fit plus au camp que deux ou trois courtes apparitions absolument nécessaires pous installer un nouveau régime. Il ne se présenta que bien ganté, pour se protéger contre les contacts dangereux. Il ne dépassa plus le seuil des salles de malades. Il confia la surveillance du camp à un médecin russe qui avait le grade de général, et partit pour ne plus revenir.

Il n'y eut plus dès lors, de communication entre le camp et la kommandantur que par téléphone. Les sentinelles, elles-mêmes, furent éloignées. Elles quittèrent, non seulement l'intérieur du camp, mais même le chemin de ronde, et, établirent leurs guérites derrière la seconde clôture.

Lorsqu'il avait besoin de causer avec un prisonnier, l'interprète se tenait près de la sentinelle, et le prisonnier devait rester à une distance de trois ou quatre mètres.

Il y eut, même, ce fait caractéristique : Un soldat allemand, ayant contracté la maladie, fut chassé des hôpitaux de la ville, et relégué près du camp, dans une petite baraque inoccupée. Un autre infirmier allemand fut commis à la garde, et, soigneusement isolé, lui aussi. Le médecin qui devait traiter le malade, allemand lui-même, venait interroger l'infirmier, à travers les carreaux de la baraque, et dictait ses ordres de la même façon. Le pauvre patient en mourut. Peut-être, serait-il mort sans cela.

De temps en temps, les gardiens étaient changés. On les envoyait sur le front. Bien qu'ils n'aient plus eu de contact avec les prisonniers, on leur faisait subir une quarantaine avant le départ.

Les portes intérieures du camp furent fermées, et toute communication, d'une compagnie à l'autre, fut interdite. Aucun objet ne put plus sortir du camp, même l'argent. On a

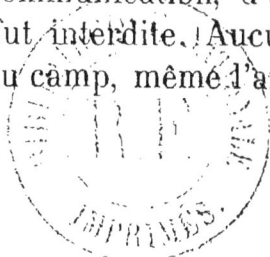

vu, plus haut, le moyen employé pour parer
à cette difficulté. La correspondance, pouvant
être un véhicule de microbes, fut supprimée
totalement, au risque de laisser des milliers
de familles dans l'angoisse.

Toutefois, l'épidémie ne diminuait pas. Elle
avait déjà fait de grands ravages. On voulut
bien songer, enfin, aux moyens énergiques,
les seuls vraiment utiles.

Les baraques furent décongestionnées. On
envoya une partie des prisonniers dans les
bâtiments devenus libres par le départ des
Allemands. La mort contribua, d'ailleurs,
pour sa large part, à cette œuvre de desserre-
ment des prisonniers.

Longtemps, on avait renvoyé dans leurs
compagnies respectives les convalescents, à
leur sortie du Lazaret, sans se soucier qu'ils
pouvaient contaminer les autres. Cet état de
choses cessa. On forma une compagnie spéciale de ces convalescents. On établit le système de la désinfection. Mais, ce fut sur le
tard. Il ne fonctionna, véritablement, qu'aux
abords du mois de juin.

Alors, on fit passer les hommes à la douche,
leurs vêtements à l'étuve, ainsi que leurs paillasses. Les baraques furent désinfectées au
soufre.

Enfin, on vit l'épidémie décroître, et, finalement disparaître. Mais, il n'avait pas fallu

moins qu'une peur effroyable de la maladie,
pour amener l'administration du camp à
prendre des mesures qui auraient dû être employées dès l'origine du mal, suivant l'adage
connu :

« Principiis obsta ; sero medicina paratur
« Cum mala per longas invaluere moras ».

C'est dès le principe qu'il faut agir : il est
trop tard d'appliquer le remède quand le mal
est invétéré de longue date.

❀   ❀   ❀

CHAPITRE IX

Le Service religieux

Sur ce point, encore, le camp de Wittenberg a beaucoup souffert. Ailleurs, on a pu organiser des chapelles, célébrer des offices réguliers, donner aux chapelles un peu de luxe, et aux offices une véritable solennité, grâce aux divers talents qu'il est facile de trouver dans une agglomération de plusieurs milliers d'hommes. A Wittenberg, rien de tout cela. La faute n'en est pas aux aumôniers qui sont les premiers à en souffrir.

Le 23 novembre 1914, après un mois de séjour à Burg, nous revenons à Wittenberg, avec le titre d'aumôniers. On a vu, plus haut, le nom de ceux qui font partie du convoi.

Je laisse le P. Théodore à son ministère auprès des Russes et ne m'occupe que de ce qui concerne le culte catholique.

Le lendemain de notre arrivée, nous demandons au Commandant du camp de nous faciliter la mission qui nous est confiée, en mettant à notre disposition une salle et les objets nécessaires au culte.

Pour la salle, il n'y a rien à faire, en ce moment. Le camp n'est pas encore terminé, et, chaque jour, arrivent de nouveaux prisonniers qu'on a bien de la peine à caser. Mais, aussitôt que ce sera possible, on nous donnera satisfaction.

On veut bien, en attendant, s'occuper des objets nécessaires au culte. Nous n'avons qu'à donner le détail de ce qu'il nous faut, et on le transmettra au Commandement Général. Je fais observer qu'il serait peut-être plus simple, plus rapide et moins coûteux, de s'adresser à M. le curé de Wittenberg. La réflexion est prise en considération.

Cependant, nous ne pouvons pas rester inactifs. Il est indispensable que nous prenions officiellement contact avec les prisonniers. Nous demandons, donc, l'autorisation de faire quelques réunions religieuses. On nous l'accorde, à condition que nous ne parlerons pas contre l'Allemagne et son Empereur. C'est promis. Nous n'avons qu'un but, faire de la Religion. Toutefois, notre liberté est encore restreinte par ailleurs. C'est la kommandantur qui doit régler les jours et les lieux de réunion, et un interprète doit y assister, pour contrôler nos actes et paroles. Les choses ainsi réglées, l'interprète va prévenir, au moment voulu, la compagnie qui doit venir à la réunion, et lui indique la baraque

8

choisie à cet effet. Puis, il vient nous chercher.

Comme doyen d'âge, je préside. Après la récitation d'une dizaine de chapelet, le chant d'un cantique et la lecture de l'Evangile du dimanche précédent, je prends la parole. Je suis aussi ému que les auditeurs. Il y a de tels souvenirs à évoquer, de tels sentiments à provoquer, de telles cordes à faire vibrer ! ! ! L'instruction finie, on chante le « Credo », puis le « De profondis » pour tous les camarades tombés au champ d'honneur, et on se sépare, un peu moins malheureux, et grandement réconfortés.

L'interprète me dit que c'est bien ainsi, et que nous pouvons persévérer dans cette voie. C'est notre plus grand désir.

Deux jours plus tard, une autre réunion a lieu, dans une autre compagnie, et y produit le même résultat bienfaisant.

Tout semble marcher à souhait. Et, si nous pouvons continuer ainsi, en attendant qu'il soit possible de dire la Sainte Messe, notre présence sera utile à quelque chose. Hélas !...

Au jour fixé pour la troisième réunion, l'interprête oublie de prévenir, et les prisonniers, et les aumôniers. C'est une grande déception, et un jour perdu. Nous allons réclamer. L'interprête s'excuse, et, pour éviter le retour d'un pareil ennui, il nous prie d'établir, nous-mêmes, le roulement des réunions, de façon à ce que chaque compagnie ait, à son tour, la réunion du dimanche. Il le transmettra au Commandant qui, certainement, l'approuvera.

Nous présentons donc un projet de réunions, établi pour un mois. Sur ces entrefaites, le choléra éclate dans le camp. Celui-ci est mis en quarantaine, et toutes les réunions sont interdites.

Il ne nous reste plus, pour ressource, que de faire de l'apostolat individuel. Mais, celui-ci est lui-même entravé dans les cas où il est le plus nécessaire. Nous ne pouvons approcher les malades, au Lazaret.

Mon confrère, M. Vilbert, qui s'y présente le premier, est mis à la porte, par le médecin chef, sous prétexte que la maladie est contagieuse. Ce médecin ne comprend rien au devoir sacerdotal. Mon confrère me confie son ennui et son chagrin. Nous décidons d'adresser une requête au Commandant, faisant valoir le but de notre présence, et la nécessité de notre ministère auprès des malades et des mourants. Nous n'obtenons qu'un refus. Que faire, alors ? Ma foi, nous passons outre. La liberté ne se donne pas, elle se prend.

Pendant quelques jours, la visite de l'aumônier, au Lazaret, se fait discrètement, après le départ du médecin-chef. Puis, voyant qu'il n'ignore pas le fait, et ferme les yeux, nous apportons, peu à peu, moins de discrétion, et finalement, l'aumônier peut faire sa visite à toute heure.

Pour les réunions, la chose est d'autant plus délicate que la nécessité est moins grande. Et, il ne faut pas nous exposer, en voulant trop prendre, à perdre tout. Nous nous armons de patience, et nous attendons les évènements.

Quelques jours plus tard, les microbes chassent du camp tous les Allemands, même le médecin-chef, et la surveillance générale est confiée à un major russe. Celui-ci est un allié avec lequel on pourra s'entendre.

Nous allons lui demander l'autorisation de reprendre les réunions. Lui, personnellement, n'y voit pas d'obstacle. Mais, son autorité est très relative. Aussi, avant de donner une réponse ferme, il doit en référer à la Kommandantur. Il nous promet son avis favorable.

Nous attendons quelques jours. Mais alors, craignant que la réponse se fasse attendre indéfiniment, nous décidons d'agir. Le proverbe ne dit-il pas : qui ne dit rien consent. Nous recommençons les réunions.

Elles se font désormais régulièrement, quatre fois la semaine, de façon à donner à tous les Français satisfaction. Nous prenons, tour à tour, la parole, M. Vilbert et moi. M. Durin nous seconde dans la mesure où ses pouvoirs le lui permettent, et ainsi, nous avons des réunions vivantes qui font grand bien. Nous nous en rendons compte par les entretiens intimes que les prisonniers sollicitent en grand nombre.

Une autre difficulté est encore à vaincre : c'est celle relative à l'inhumation religieuse des victimes de la maladie. Sous ce rapport, on feint de nous ignorer. L'heure des inhumations est indiquée, par téléphone, à la corvée chargée de faire les fosses et de porter les corps. Les aumôniers ne sont pas prévenus. A force de réclamations, nous obtenons, enfin, qu'on nous avertisse en temps voulu. La cause des morts est gagnée. Ils ne partiront pas de ce monde, sans être accompagnés des prières de l'Eglise.

La question de la Messe reste toujours sans solution, et nous sommes en février. Nous avons été autorisés, seulement trois fois, à aller dire la Messe en ville, à l'époque de Noël. Les prisonniers, naturellement, n'en ont pas profité.

Après des déménagements successifs (pour ma part, j'en ai neuf à mon actif, rien qu'à Wittenberg), les médecins et les aumôniers sont enfin logés dans une baraque spéciale, où ils ont une chambre pour deux.

Immédiatement, nous avisons le Commandant que la question local n'est plus un obstacle, puisque nous avons notre chambre particulière, où nous pouvons célébrer, ne fut-ce que pour notre dévotion particulière. Pour être logique, le Commandant donne son approbation, et, par l'intermédiaire du curé, nous avons, enfin, le matériel nécessaire.

Malheureusement, il est trop tard pour mon vénéré confrère, M. Vilbert, qui tombe malade, à l'heure même où les ornements arrivent. Le grand désir de toute sa captivité ne sera pas satisfait. Il ne pourra pas célébrer la Messe dans le camp. Il aura, du moins, la grande consolation de recevoir la Sainte Communion à son lit de mort.

Je reste seul prêtre catholique. Mais, je ne veux pas jouir, seul, du bonheur de la Messe. J'invite les prisonniers à venir, par petits groupes, y assister. Les premiers jours, tout va bien. Enhardi par ce succès, je fais une invitation plus nombreuse pour le dimanche. Quarante prisonniers se pressent dans ma chambre. Ils font, presque tous, la Sainte Communion. C'est trop beau. Une réclamation, à laquelle je ne pouvais m'attendre, me force à suspendre les invitations, pour éviter la suppression de la Messe, et à chercher une combinaison plus pratique.

Je découvre une petite baraque qui a servi, autrefois, de cantine, et dont l'épidémie a chasser les tenanciers. Elle est actuellement sans emploi. Si je puis l'obtenir, toutes les difficultés disparaîtront. Je demande donc qu'on veuille bien la mettre à ma disposition.

Bientôt, l'interprète m'appelle. Je crois que c'est pour la réponse. C'est une communication favorable qu'il m'apporte ; mais, pas celle que j'attends. Ma surprise est d'autant plus grande.

Il est question de votre retour en France, me dit l'interprète. A cet effet, vous allez sortir du camp, et on va vous faire subir une quarantaine en vue de votre départ.

C'est le 25 mars que je dis la Messe pour la dernière fois, au camp. Je l'ai dite le 10 pour la première fois. En tout, la Messe a été célébrée 16 fois, au camp de Wittenberg, depuis la fin de septembre 1914, jusqu'à mon départ le 15 juin 1915.

Tel est le bilan du service religieux à Wittenberg, pendant le séjour que j'y ai fait.

Le bien opéré n'a pas été nul, tant s'en faut. Les malades ont pu recevoir les sacrements essentiels. Les autres ont pu se retremper dans les eaux salutaires de la Pénitence. Quelques-uns, plus privilégiés, ont pu communier une ou plusieurs fois. Mais, sans les entraves apportées, le ministère du prêtre eut été beaucoup plus fécond pour les prisonniers, et plus consolant pour les aumôniers.

L'autorité allemande ne l'a pas permis. C'est pour elle une grave responsabilité ajoutée à bien d'autres.

❊   ❊   ❊

CHAPITRE X

Une Quarantaine qui sort de l'ordinaire

+

Dans le courant de décembre, on dresse, dans chaque compagnie, en vue d'un échange, la liste des civils ayant moins de 18 ans, ou plus de 45 ans. Comme je n'appartiens à aucune compagnie, mon nom n'est pas inscrit. Je ne veux pas me laisser oublier, mon âge et ma qualité de civil m'en donnant le droit. Je prends donc la respectueuse liberté de demander une inscription d'office. Mon appel est entendu, et mon nom est porté sur la liste, vraisemblablement en bonne place. Car bientôt, un délégué de la kommandantur vient, en personne, me demander des indications spéciales, en me disant : C'est pour votre rapatriement. Vous devez partir le 15 janvier. Le 14 arrive. C'est l'heure de boucler ses malles ? Pas tout à fait. C'est le camp tout entier qui est bouclé. Le typhus en est la cause. Deux mois se passent. La maladie ne décroît pas. Au contraire. Et il est impossible d'en prévoir la fin. J'en prends mon parti, et je n'espère plus rien. Mais, voilà qu'au moment où tout semble perdu, je vois arriver l'interprète qui me dit : M. le curé, vous allez subir une quarantaine, en vue de votre départ. Vous serez installé dans les anciens bâtiments de la kommandantur pour vingt-et-un jours. Mais, auparavant, vous allez passer à la douche et faire désinfecter vos vêtements, et, en un mot, tout ce qui doit sortir du camp avec vous.

Je ne me fais pas prier. J'obéis, au plus vite, aux injonctions qui me sont faites, et, dans l'après-midi du 25 mars, j'entre en quarantaine.

Les Allemands ont une manière à eux d'envisager la quarantaine. Ils envoient, le même jour, dans l'enclos qui m'est réservé, tous les typhiques qui viennent de sortir, convalescents, du Lazaret, et qui sont encore contagieux pour un temps assez long. Il y en a quatre cents dans ce cas. C'est au milieu d'eux que je vais vivre, désormais, à l'abri du danger ! S'il ne m'arrive rien pendant les vingt-et-un jours de cette quarantaine, j'aurai de la chance.

D'ailleurs, l'enclos où je suis enfermé est contigu au camp. Il n'en est séparé que par des planches mal jointes qui permettent à mes compagnons de rester en communication avec leurs camarades. Ils ne se font pas faute de profiter de la facilité. Les espaces vides qui existent entre les planches sont agrandis, et on fait, en même temps que des échanges de paroles, des échanges d'objets de toutes sortes qui ne connaissent de la désinfection que le nom.

Puisque je suis dans le danger, c'est un peu plus, un peu moins, je fais comme les autres. Je reçois, toute la journée, à différents guichets, une quantité de prisonniers qui viennent me faire leurs adieux et leurs recommandations. Ils me donnent les adresses de leurs familles et les indications que je dois transmettre en France. Quelques-uns viennent chercher une dernière parole de consolation ou d'encouragement, voire même, une dernière absolution.

Mes compagnons de quarantaine reçoivent, comme par le passé, leurs aliments, des cuisines communes. Je continue de bénéficier du régime des officiers. Mais, pour que mon ordonnance n'ait pas de contact avec le reste du camp, ce sont des soldats allemands qui, trois fois par jour, vont à la cantine des officiers chercher ma pitance. Ils y vont à trois, deux hommes et un caporal. Ils apportent le manger dans des plats dont ils ne doivent pas se séparer. Ils gravissent un escalier, derrière la clôture ; et, du haut des planches, font tomber dans ma propre vaisselle, ce qui m'est destiné. Pensez donc. Si jamais leur vaisselle entrait en contact avec la mienne, tout l'empire serait contaminé.

A partir du vingt-et-unième jour j'attends l'ordre du départ. Le vingt-troisième jour seulement, une décision est prise. Elle n'est pas conforme à mon attente. On s'est aperçu qu'une quarantaine dans les conditions indiquées ci-dessus, ne valait rien. Il faut en recommencer une autre, dans un endroit plus écarté. Je me rends au lieu indiqué, toujours avec mes compagnons qui, maintenant, ne sont plus contagieux, ni, par conséquent, capables de me nuire.

La baraque qui m'est destinée est à vingt-cinq mètres du chemin de ronde. Toute la journée, je vois circuler des amis qui m'envoient, de leur plus belle voix, un cordial bonjour. Cela ne plaît pas aux Allemands qui trouvent, peut-être, que c'est encore dangereux de se parler de si loin. Ils interdisent toute conversation à distance. Les communications ne sont pas tout à fait interrompues pour cela. Il y a encore la corvée de soupe qui va à la cuisine où elle se rencontre avec les autres corvées du camp. Et, souvent, on me rapporte un papier qui contient une suprême recommandation.

Le temps semble, toutefois, bien long. Cette seconde quarantaine, commencée le 16 avril, est interminable. Je ne veux pas rester dans une si douloureuse incertitude.

Dans les premiers jours de mai, j'écris au Commandant, en faisant passer ma lettre par la désinfection, ce qui est, maintenant, de rigueur. Je lui fais observer, qu'au lieu d'une quarantaine, j'en ai fait deux ; que rien d'anormal ne s'est manifesté, autour de moi, au point de vue sanitaire, et que je ne comprends pas le retard apporté à ma libération. Au surplus, connaissant sa grande bienveillance pour moi, je crois pouvoir espérer qu'il emploiera sa haute influence en ma faveur.

Le Commandant me répond bientôt que ma libération ne dépend plus que du médecin général des armées ; qu'il faut attendre ses ordres. Il a d'ailleurs écrit à mon sujet, et, aussitôt qu'il aura la réponse, il me la communiquera.

Tout espoir n'est donc pas perdu. Cet espoir est confirmé par le fait qu'on me demande quelques indications destinées à la confection de mon passe-port.

Un des interprètes du camp, qui m'a toujours montré beaucoup de sympathie, me fait un jour un signe. Il veut me parler à l'abri des oreilles indiscrètes. Je m'approche de la clôture, à un endroit où il n'y a personne, et l'interprète me dit : j'ai une bonne nouvelle à vous annoncer, et bien que je ne sois pas chargé officiellement de vous la communiquer, je veux avoir le plaisir de vous avertir le premier. Mais, gardez-moi le secret. Car, la discipline est très-sévère pour les indiscrétions. Je promets le silence. Alors, il ajoute : l'heure de votre libération a sonné, et vous partirez à la fin de la semaine. Je me tiens à quatre pour ne pas trahir mon secret.

Le samedi soir, je vois revenir mon interprète. Il s'avance vers moi. Il a un air sombre, lugubre. Je pense aussitôt : mon affaire ne marche plus. Je ne me trompe pas. De nouveaux ordres, dit-il, sont arrivés. Je regrette bien mon indiscrétion de l'autre jour. Car, je sais que je vais vous faire de la peine.

Votre départ est ajourné. Mais il poursuit : prenez patience, quand même, et surtout, quand le grand jour arrivera, ayez bien soin de n'avoir aucune note concernant le camp ; vous pourriez avoir de graves ennuis.

Je le remerciai, très sincèrement, malgré mon chagrin. Ses démarches me prouvaient qu'il y avait chez lui une grande délicatesse.

Je continue donc à me morfondre dans mon isolement. Heureusement, tout a une fin. Et, le 14 juin, après 82 jours de quarantaine, j'arrive au but.

On vient me prévenir que je dois partir le

soir même, ou, au plus tard, le lendemain matin. L'ordre m'est donné, en même temps, de passer, encore une fois à la douche et à la désinfection, et de boucler ma valise, pour être prêt à partir au premier signal.

Je n'ai jamais obéi à un ordre avec plus de plaisir. On le comprend sans peine.

❀ ❀ ❀

CHAPITRE XI

Le Départ - Arrêt à Rastadt

Le départ. — C'est définitivement le 15 juin, au matin, qu'a lieu le départ. Je ne suis astreint à aucun acte de politesse vis-à-vis des autorités. On s'empresse, au contraire, autour de moi, pour me souhaiter un bon voyage. On me donne, même, un soldat pour porter mon bagage jusqu'au train. Un feld-webel est désigné, pour me servir de garde du corps, pendant un voyage de près de quatre cents kilomètres, voyage qui doit durer de 7 heures du matin à 10 heures du soir. Je suis dirigé sur Rastadt pour y attendre un convoi de rapatriés.

Mon compagnon n'est pas loquace. Il sait à peine quelques mots de français. Mais il est plein de bonne volonté, et fait son possible pour être aimable. Et, comme de mon côté, je vois la vie en rose, tout est parfait.

Mon feld-webel me fait remarquer, en passant à Bitterfield, un hangar pour ballons.

Apercevant, un peu plus loin, des trains à traction électrique, je lui demande, comme je peux, s'il y en a beaucoup en Allemagne. Il me répond qu'il n'y en a que sur la ligne de Halle à Leipzig. On ne veut pas en faire davantage, ajoute-t-il, car, si en temps de guerre, le central électric était détruit, les conséquences seraient terribles.

Le train poursuit sa route. L'heure s'avance. Midi est sonné depuis longtemps et le feld-webel ne bronche pas. Il semble que son estomac ne lui dit rien. Chez moi, c'est différent. Je prends le parti de le rappeler gentiment à l'ordre. Alors, il me conduit au wagon restaurant où je puis me faire servir, à mes frais, un repas convenable.

Je continue le voyage, l'âme en fête, admirant le paysage qui devient de plus en plus magnifique, jusqu'à ce qu'on arrive à Triberg. On se croirait en Suisse. C'est un vrai voyage d'agrément que l'autorité allemande me paie. Car, je voyage à l'œil. Peut-être, veut-on m'inspirer le regret du départ, ou le désir de revenir. Rien n'est plus loin de ma pensée

Vers le soir, je passe à Carlsruhe, et voyant, au sortir de la gare, le grand nombre de voies ferrées qui se croisent en tous sens, et la grande quantité de trains de ravitaillement qui attendent leur feuille de route, je me dis : Il y aurait là un beau coup à faire, pour nos avions. J'ignore que, le matin même, le coup a été tenté par une escadrille ; or, l'obscurité de la nuit ne me permet pas de voir les dégats commis. On se garde, d'ailleurs, d'attirer mon attention sur ce point.

Arrêt à Rastadt. — A 10 heures j'arrive à Rastadt. Là, je n'ai plus d'ordonnance pour porter mon bagage, et j'ai un long chemin à parcourir à pleine charge.

Je dois aller, d'abord, chez le Commandant de place pour les formalités d'écrou. Car je vais séjourner un peu dans cette ville. Mon arrivée n'étant pas signalée, ça ne va pas tout seul. Pendant une demi-heure, le téléphone marche à mon sujet. Enfin, tout s'arrange, et je suis dirigé sur la forteresse.

Il y a des gens aimables, un peu partout, même en Allemagne. L'interprète de la kommandantur, qui est chargé de me piloter, est de ceux-là. Il a pitié de moi et prend mon chargement à son compte. Mon feld-webel est toujours là ; mais il est moins obligeant. Et, comme il a un peu de grade, il doit conserver sa dignité.

L'interprète est non seulement aimable, il est prévenant. Vous devez avoir besoin de manger, me dit-il. Mais, à cette heure, la cantine du camp où nous allons est fermée. Si vous voulez, je connais un restaurant à deux

9

pas d'ici ; il ne doit pas être fermé ; on pourra vous y servir quelque chose. J'accepte. Nous entrons au restaurant. Ce qui me frappe, tout d'abord, dans la salle, c'est un grand portrait du Souverain Pontife, ornant le milieu du panneau principal, et ayant, à droite et à gauche, au second plan, les portraits de leurs Majestés, l'Empereur et l'Impératrice. Nous sommes donc en pays catholique. Ici, on ne craint pas de l'affirmer, même à l'hôtel.

Le temps presse. Je fais honneur, au plus vite, a une omelette suivie d'une tranche de jambon et d'un morceau de fromage. Me voilà rassasié. Il n'y a plus qu'à gagner la prison.

Minuit sonne à mon arrivée. Comme je n'ai pas été annoncé à temps, on ne m'a pas préparé de logement. On me conduit à l'infirmerie, pour passer le reste de la nuit. C'est du provisoire. Demain on fera mieux.

Le lendemain, on me conduit à une chambrée, où sont logés quelques jeunes gens qui servent d'ordonnances aux sous-officiers du camp. C'est tout ce qu'on peut m'offrir de plus confortable pour le moment. Il n'y a plus de place nulle part. Il y a pléthore de prisonniers. Mais, puisque je ne suis là que pour un passage, je ne veux pas me plaindre. D'ailleurs, à quoi bon. Il ne faut pas demander l'impossible.

Mon grade d'officier n'a pas franchi avec

moi le seuil de la forteresse. Je suis, désormais, comme le commun des mortels. Il me faut aller chercher, comme les autres, ma gamelle de soupe, si je ne veux pas vivre, à mes frais, à la cantine.

Je préfère ce dernier mode. Mais, je touche quand même la ration commune pour l'abandonner à de pauvres malheureux qui n'ont pas à manger à leur faim. Il est juste, d'ailleurs, que je laisse un peu d'argent à la cantine. Car les Allemands ont eu l'amabilité de me payer la solde pour le mois de juin tout entier, et nous ne sommes qu'au milieu de ce mois. Une amabilité en vaut une autre.

Le matin du 16 juin, le Commandant du camp vient faire sa visite quotidienne. Il m'aperçoit, se précipite vers moi, la main tendue, et me demande si je suis satisfait de mon installation. Satisfait, c'était beaucoup dire. Il le comprend et m'explique que, pour l'instant, il lui est absolument impossible de faire mieux. Si j'ai à me plaindre, pour quelques points de détail, il ne demande pas mieux que de me faire plaisir, en apportant les améliorations qui sont en son pouvoir. Je lui exprime quelques désirs, et je vois que sa bonne volonté n'est pas un vain mot.

Rastadt est le principal camp de passage des rapatriés. Il ne s'ensuit pas que tous ceux qui y viennent en sortent facilement. J'ai vu, en effet, un grand nombre de civils, d'Amiens en particulier, qu'on y a amenés, vers le mois de mars, avec promesse d'une prochaine libération, et qui attendent encore la réalisation de la promesse.

Est-ce que le même sort me serait réservé ? Qui sait ? Tout est possible avec les Allemands. En tout cas, je m'emploie au plus tôt pour empêcher les choses de traîner en longueur.

On m'annonce qu'un convoi doit partir pour la France, le lundi qui suit mon arrivée, mais que, probablement, je n'en ferai pas partie. Car, on doit rester, au moins, quatorze jours à Rastadt.

C'est à voir. Je cherche d'abord à contrôler la rigueur du principe, je découvre qu'il admet des exceptions. Certains rapatriés n'ont pas séjourné plus de vingt-quatre heures. Pourquoi ne ferais-je pas exception comme un autre.

Je vais donc trouver, l'un après l'autre, ceux qui me paraissent être pour quelque chose dans l'établissement des listes de rapatriement. Je suis assez heureux pour réussir, et, le dimanche, veille du départ, je suis admis à payer 4 marks 40 pf., prix du voyage de Rastatt à la frontière suisse. C'est la condition sine qua non du départ. C'est aussi la preuve la plus sûre qu'on figure sur l'heureuse liste.

Admis, donc, à payer, je respire. Cette fois, c'est bien la libération.

Le 21 juin, au matin, on annonce 120 partants. On les appelle par leur nom. Je suis l'avant-dernier du convoi. Je constate que j'ai eu raison d'agir sans perdre de temps. Je prends ma place dans les rangs. J'ai la chance de ne pas être fouillé. Je ne l'avais pas été davantage au départ de Wittenberg. J'ai ainsi la joie de rapporter, en France, bien des choses auxquelles j'attache un grand prix.

Et maintenant, en avant, marche, vers la gare, vers la Suisse, vers la France !

❧   ❧   ❧

CHAPITRE XII

A travers la Suisse

✛

Le séjour à Rastadt a duré six jours. Ces
six jours m'ont paru courts, à cause des démarches qui ont occupé une partie de mon
temps ; à cause aussi des aimables prisonniers que j'y ai rencontrés. Il y a là, en effet,
tout un groupe d'Amiénois, de compatriotes,
avec lesquels on peut causer de la chère
Picardie. Et, comme ils sont de bonne éduca-
tion, de véritables liens d'amitié se nouent
rapidement entre nous.

J'avoue que je ne les ai pas quittés sans
un serrement de cœur. Je les voyais heureux,
à la pensée que j'allais pouvoir renseigner
leurs familles sur leur sort ; mais, je les sen-
tais tristes, quand même. Car, depuis de longs
mois, ils attendaient, eux aussi, un départ
qu'on leur avait promis, et qu'ils n'osaient
plus espérer. Et, lorsque notre groupe défila
devant eux, on devinait, dans les adieux, ce
mélange de joie et de tristesse qui mettait
dans tous les cœurs une véritable mélancolie.

Enfin, la porte s'ouvre à deux battants, et on se dirige vers la gare. On s'embarque. Le train s'ébranle. Il va trop lentement à notre gré. Tant que la frontière n'est pas franchie, nous n'avons pas le droit de donner libre cours à l'expansion de notre joie. Avec les Allemands, encore une fois, toutes les suppositions, toutes les craintes sont permises. Il suffit d'un coup de téléphone pour tout bouleverser. Ce coup de téléphone n'arrive pas, heureusement, et la frontière est franchie sans encombre. Il est 3 heures de l'après-midi.

Schaffouse. Tout le monde descend. Quelle différence avec ce que j'ai vu, dix mois auparavant, dans les gares allemandes. Alors, c'était la haine et l'injure. Aujourd'hui, ce sont des acclamations, des ovations incessantes.

On a beaucoup célébré la Suisse pour son admirable conduite à l'égard des rapatriés. On ne le fera jamais trop. On ne le fera jamais assez. Ce m'est un agréable devoir de mettre mon témoignage à côté de tant d'autres.

Je n'ai jamais rien vu de plus beau, de plus merveilleux. Ce que la Suisse fait pour nous, elle l'a fait pour tous ceux qui nous ont précédés sur ce chemin du retour en France. En particulier, elle l'a fait, journellement, pendant deux mois et demi, du commencement

de mars au milieu de mai ; et elle l'a fait,
chaque jour, deux fois. Chaque matin et chaque soir, elle recevait cinq cents rapatriés,
auxquels elle donnait la plus large et la
plus cordiale hospitalité. Soixante-quatorze
mille personnes ont bénéficié, pendant ce
temps, de ses soins les plus délicats.

A Schaffouse, une foule, délirante de joie,
nous attend. On nous décharge de nos baga-
ges ; on prend les enfants des bras de leurs
mères. Les soldats, eux-mêmes, se prêtent à
ce travail avec un empressement plein de ten-
dresse, qui nous fait verser des larmes. On
nous conduit, d'abord, à l'hôtel, où nous trou-
vons une table copieusement servie. Tout y
est, même le plat que tout le monde préfère,
le plat de bonne mine.

Quand nous sommes bien restaurés, on
nous conduit dans un immense vestiaire rempli, à tous les étages, de tous les objets dont
on peut avoir besoin, ou qu'on peut simplement désirer. Chacun est admis à faire son
choix à tous les rayons. Et, comme il y a des
gens discrets qui hésitent à se pourvoir, dans
la crainte de nuire à de plus malheureux, on
leur force la main, pour ainsi dire ; on leur
remet, à la sortie, un supplément d'objets,
destiné à réparer un oubli, ou la faute de
discrétion qu'on ne tolère pas ici.

Le temps passe vite. Il faut se hâter de prévenir, ne fut-ce que par une carte, ceux qui nous espèrent sur le sol de France, et qui ne savent pas que nous sommes sur le chemin du retour.

Le train nous attend. Il faut partir. On quitte Schaffouse avec un regret véritable. Le soir tombe. Mais, il fait encore assez clair pour bien voir, en passant, les admirables chutes du Rhin, qui changent un peu le cours de nos pensées.

A 10 heures, on arrive à Zurich. La scène de Schaffouse se renouvelle sous une autre forme. Il faut poser deux heures en gare. On nous conduit au buffet où l'on nous sert des rafraîchissements de toutes sortes. On distribue à tous des souvenirs. On donne des jouets et des albums aux enfants, des bonbons aux dames, des cigares aux messieurs. Il y en a pour tous les âges et toutes les conditions. Un médecin vient même s'informer si personne n'a besoin de ses services. On nous accable de questions, pour savoir d'où nous venons, si nous avons été malheureux, si nous sommes restés longtemps en captivité, etc...

Il faut de nouveau s'arracher à ce peuple qui semble fait tout de cœur. C'est pour retrouver la même chose, le lendemain matin, à Genève.

Ici, on s'arrête plus longuement, ce qui permet aux Génevois d'exercer, avec des détails plus touchants encore, leur admirable hospitalité. Les enfants, surtout en bénéficient. Les dames sont là, qui les emportent, pour leur donner les soins les plus minutieux, les plus maternels. Je voudrais tout dire : je suis impuissant à traduire les sentiments qui se pressent dans mon cœur, et je ne puis exprimer ma reconnaissance que par ce mot : *Vive la Suisse hospitalière.*

Il y a des formalités à remplir. C'est vite fait. Nous montons dans le tramway qui va nous mettre en France. Nous partons. Sur tout le parcours les acclamations recommencent. Les drapeaux français s'agitent aux fenêtres pour nous saluer. L'émotion étreint tous les cœurs.

Encore quelques minutes. La frontière franco-suisse est franchie. Nous sommes à Annemasse. Nous sommes en France. Deo Gratias.

* * *

CHAPITRE XIII

En France

Si grande que soit la joie, en foulant, après dix mois de captivité, le sol national, elle n'est pas complète.

La guerre sanglante n'est pas terminée. Le nombre des victimes augmente chaque jour. Là-bas, bien loin, vers le Nord, toute une magnifique région reste aux mains de l'envahisseur.

Pour ces raisons, je ne puis diriger, vers cette région qu'un regard chargé de larmes. Il est interdit, pour le moment, d'y retourner, d'avoir l'âpre consolation de constater, soi-même, l'épouvantable ruine.

Que faire, alors ? Il n'y a que deux solutions : ou bien rester à Annemasse, pour se voir bientôt dirigers vers un lieu de concentration ; ou bien, justifier d'un domicile, chez des parents ou des amis.

La première solution n'est acceptée que par ceux qui ne peuvent faire autrement. C'est malheureusement le grand nombre. Je tâche

de m'y soustraire. Et bientôt, grâce au télé-
graphe, je puis justifier, non seulement d'un,
mais de plusieurs domiciles, où l'on m'attend,
le cœur bien grand ouvert.

Ma reconnaissance ne sera jamais trop
grande pour ceux qui, dans cette circonstance, m'ont assuré un foyer, ne fut-ce qu'à
titre provisoire.

Grâce aux pièces que je puis présenter,
on me délivre, le 23 juin, un laissez-passer de
rapatrié, et le 24, au matin, j'arrive à Paris.

C'est là que je m'arrête tout d'abord, pour
remplir la mission qui m'a été confiée en Allemagne. Il y va de la joie, de la tranquillité
d'un grand nombre de familles qui ont des
parents à Wittenberg, et qui sont restées,
près de six mois, sans aucune nouvelle du
camp. Il faut les rassurer, leur donner mille
explications.

J'ai pu, par bonheur, rentrer en France,
avec plusieurs centaines d'adresses. Je m'empresse d'envoyer, tout d'abord, à toutes ces
adresses, une circulaire détaillée, renfermant
tout ce qui, dans mon esprit, peut satisfaire
les familles.

Mais, ces explications ne suffisent pas.
Elles ne sont, pour ainsi dire, qu'une amorce
qui suscite des demandes d'explications complémentaires.

Des lettres m'arrivent de toutes parts. J'y

réponds de mon mieux. Des visites nombreuses me sont faites. On veut me voir et m'entendre. Pour cela, on vient même, quelquefois, de bien loin. On me demande si j'ai connu particulièrement, tel ou tel prisonnier. Souvent, il en est ainsi. On conçoit la joie des intéressés. La mienne n'est pas moins grande. Je serais si heureux de donner à tous pleine satisfaction.

Deux mois suffisent à peine à ces correspondances et à ces visites. Mais, tout à un terme.

Maintenant, il faut attendre la fin des hostilités. Il faut vivre de ses souvenirs, souvent tristes, mais, quelquefois aussi, bien consolants. Il faut s'en remettre à Dieu du soin de mettre au plus tôt un terme à nos malheurs, de nous dédommager de nos souffrances par une éclatante et définitive victoire. Il faut le prier beaucoup, en nous souvenant que si les soldats doivent batailler, et ils le font avec courage, persévérance et héroïsme, c'est Lui qui donnera la Victoire.

SOMMAIRE

❖ ❖ ❖

Hommage.
Lettre de Mgr l'Evêque d'Amiens à l'auteur.
Avant-propos.

PREMIÈRE PARTIE

Soyécourt et l'Invasion

DEUXIÈME PARTIE

La Captivité à Wittenberg

Imp. Yvert et Tellier. — Amiens

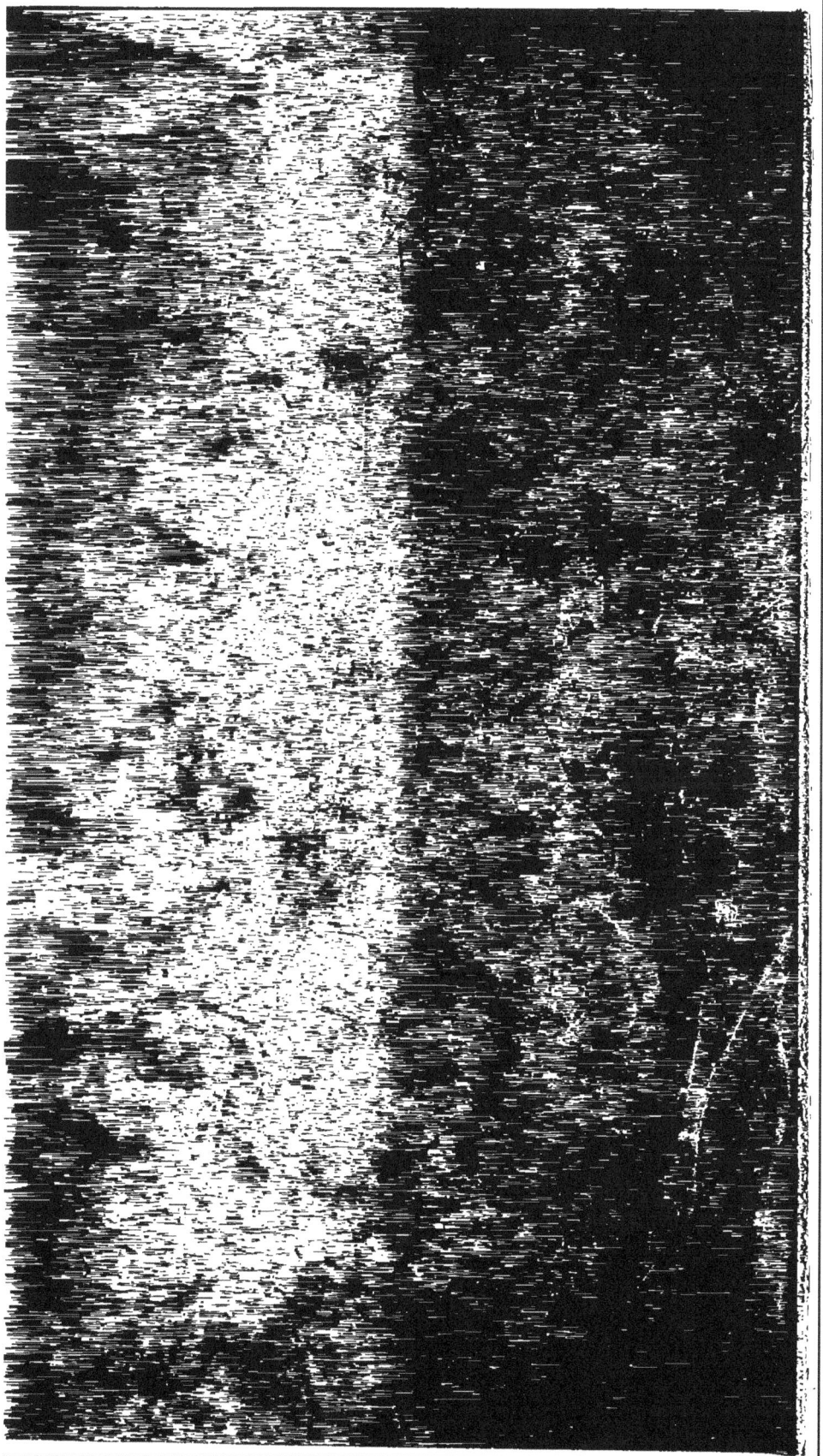

www.ingramcontent.com/pod-product-compliance
Lightning Source LLC
Chambersburg PA
CBHW052057090426
42739CB00010B/2222